FAMÍLIA   VIAGEM   GASTRONOMIA   MÚSICA   **CRIATIVIDADE**
& OUTRAS LOUCURAS

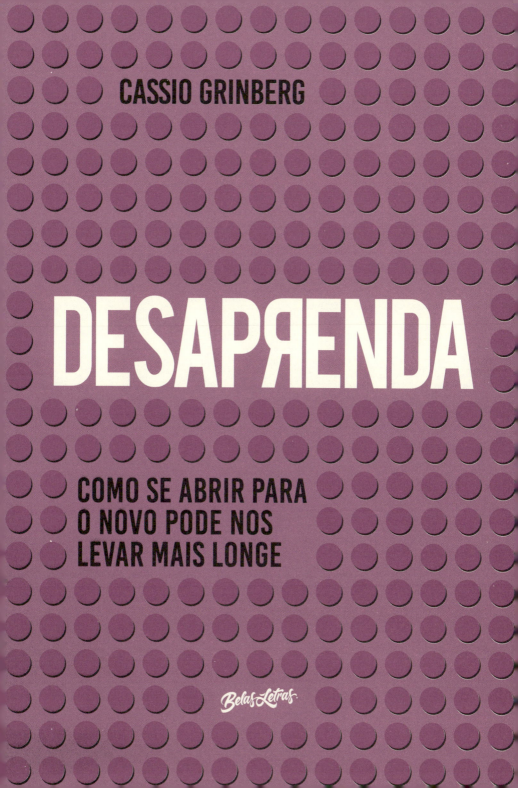

© 2019 Cassio Grinberg

Nenhuma parte desta publicação pode ser reproduzida, armazenada ou transmitida para fins comerciais sem a permissão do editor. Você não precisa pedir nenhuma autorização, no entanto, para compartilhar pequenos trechos ou reproduções das páginas nas suas redes sociais, para divulgar a capa, nem para contar para seus amigos como este livro é incrível (e como somos modestos).

Este livro é o resultado de um trabalho feito com muito amor, diversão e gente finice pelas seguintes pessoas:

Gustavo Guertler (edição), Fernanda Fedrizzi (coordenação editorial), Germano Weirich e Samuri Prezzi (revisão) e Celso Orlandin Jr. (capa e projeto gráfico).

Obrigado, amigos.

2019
Todos os direitos desta edição reservados à
Editora Belas Letras Ltda.
Rua Coronel Camisão, 167
CEP 95020-420 – Caxias do Sul – RS
www.belasletras.com.br

Dados Internacionais de Catalogação na Fonte (CIP)
Biblioteca Pública Municipal Dr. Demetrio Niederauer
Caxias do Sul, RS

G866d	Grinberg, Cassio
	Desaprenda: como se abrir para o novo pode nos levar mais longe / Cassio Grinberg. Caxias do Sul, RS: Belas Letras, 2019.
	176 p.
	ISBN: 978-85-8174-483-4
	1. Criatividade. 2. Empreendedorismo. I. Título.

19/25	CDU 65.011

Catalogação elaborada por
Vanessa Pinent, CRB-10/1297

Para Benjamin e Gabriela.
E para Andréia, é claro!

SUMÁRIO

Erros contam histórias **08**

1. Desaprender 25

A/ A Gente esquece para poder aprender de novo **30**

B/ Desaprender é incremental **30**

C/ A Lego decidiu desaprender **30**

D/ Precisamos desaprender se quisermos ter um pitch **32**

E/ O importante é não competir **37**

2. Aprender De Novo 43

2.1. Por que aprender de novo? 50

A/ Porque a incerteza é a bola da vez **50**

B/ Porque nosso lugar é líquido **58**

C/ Para não ficarmos como o velho no mar **61**

D/ Porque há um novo modelo de valuation **63**

E/ Porque ainda nos surpreendemos com negócios feitos para não dar dinheiro **66**

F/ Por causa do paradoxo David Bowie **67**

G/ Para estarmos prontos para inovar **73**

H/ Para não entrarmos nas crises **76**

I/ Para termos um propósito (e uma fórmula para sair da cama) **79**

J/ Porque mesmo Steve Jobs precisou aprender de novo **83**

K/ Porque a hora é de acelerar **85**

2.2. Onde aprender de novo? *86*

A/ Onde mora o insight *86*

B/ Nas suas viagens *88*

C/ Nas viagens que você ainda não fez *100*

D/ Nos chalés do novo capitalismo *102*

E/ No seu Waze de cabeceira *104*

F/ No seu passado *106*

G/ Não apenas em livros técnicos *107*

H/ Não apenas no Google *109*

I/ Com Yvon Chouinard *111*

2.3. Como aprender de novo? *117*

A/ Correndo mais riscos *117*

B/ Sendo água *120*

C/ Esquecendo os ditados *122*

D/ Abraçando o extraordinário *126*

E/ Fazendo você mesmo *130*

F/ Sendo menos alfa e mais beta *134*

G/ Sendo idiotas (do tipo certo) *135*

H/ Tratando bem a sorte *137*

I/ Andando mais de skate *139*

J/ Pedindo desculpas *142*

K/ Não encurtando caminhos *143*

E por falar em mãe *145*

Microatitudes que nos ajudam a desaprender *147*

Referências bibliográficas *168*

Agradecimentos *171*

ERROS CONTAM HISTÓRIAS

Você já leu minha bio na quarta capa. Possivelmente até deu um Google em mim. Então quero começar me apresentando de um jeito um pouco diferente.

Quero falar das tantas vezes em que precisei ou quis aprender de novo.

Lembra daquele "jogo dos 7 erros"?

À esquerda uma imagem original, à direita uma imagem muito parecida, mas com sete erros de algum modo escrachados.

Pois bem: é ali na imagem da direita que está o original!

A gente precisa cometer muitos erros para poder aprender pelo menos com alguns deles, e felizmente eu cometi mais de sete.

Erros possibilitam desvios naturais que terminam por tornar nosso caminho bem mais interessante, especialmente se estivermos dispostos a tomá-los como oportunidades de desaprender, e logo falaremos mais disso.

Hoje, o mundo corporativo é diferente daquele que encontrei no começo dos anos 1990, que era mais sectário, mais político, menos engajador, mais rotulador, de modo que pouco me encaixei no "perfil corporativo". Tentar, durante algum tempo, perseguir a meta de ser executivo me trouxe menos realização do que desgastes e demissões. Fui demitido pelo menos três vezes e acredito que, em todas elas, aquilo foi a melhor coisa que poderia ter me acontecido. Também pedi demissão pelo menos uma dezena de vezes e, para aprender a passar para o outro lado do balcão, precisei desaprender como era estar no lado que não me interessava: hoje tenho diversos clientes corporativos para os quais desenho estratégia observando com admiração como elas são implementadas por líderes que sabem engajar.

Cometi um erro simples quando pedi demissão do Grupo RBS para ir morar um ano em Londres. Não pela decisão em si, mas pelas oportunidades que deixei passar, tanto no Brasil quanto na Inglaterra. Nietzsche costumava dizer que não sofremos com desejos frustrados se ensinamos nossa fantasia a enfear o passado, e meu passado tem muita coisa linda: em Londres, concluí uma especialização numa universidade importante, fui barman em pub, sofri antissemitismo, tive namoradas, gastei mais dinheiro do que podia e voltei confuso com o que encontrei no Brasil de 1996. Eu não trocaria essa experiência por nada. E o Grêmio ganhava tudo naquela época também.

NÃO PROCURE O ERRO.

ELE VAI TE ACHAR.

NÃO TENHA COMO META ERRAR.

TENHA COMO META APRENDER DE NOVO.

Depois disso, o Grupo RBS passou a ser meu cliente e contribuo com alguma regularidade com artigos para o jornal Zero Hora: desaprendi como era ser executivo e aprendi uma nova forma de me relacionar com este e outros clientes com os quais anteriormente trabalhei como funcionário.

Cometi um erro importante quando decidi parar todos os meus projetos para ser escritor. Decidi que queria escrever literatura e tirei, em dois anos, três romances de dentro da cabeça. Os três esvaziaram minha gaveta de angústias e foram publicados com boa receptividade, enquanto dentro de mim se materializavam os ensinamentos deste erro necessário: por mais que eu amasse literatura, não estava disposto a cometer todos os sacrifícios que o ofício exigia. Queria aquilo que a geração Y condena, "uma vida material", com segurança para a família, viagens e patrimônio – e conheço poucos "ofícios" no Brasil que remunerem menos que a literatura.

Também na literatura tomei contato com a habilidade criativa (escola que, por minha mãe ter sido uma valiosa artista plástica, tive dentro de casa), e direto dela fundei a Grinberg Consulting, minha empresa de consultoria em estratégia de marca. Juntei o conhecimento do Mestrado em marketing do PPGA da UFRGS e passei a desenvolver estratégias, escrever cases de marketing, fui ficando mais conhecido, evoluindo financeiramente e tendo condições de tomar vinhos melhores e ir ao exterior pelo menos duas vezes por ano com a pessoa que escolhi como minha companheira. Dentre todos os erros que cometi, procurá-la foi o maior acerto da minha vida, e me orgulho em dizer que almoçamos todos os dias juntos.

Errei quando pensei que ter filhos seria um problema, que crianças me atrapalhariam a vida profissional, que eu não teria condições de sustentá-las como merecem. Com isso, fui postergando a decisão de tê-los, e depois demorou mais do que esperávamos. Tal erro depois se constituiu num acerto monstruoso, principalmente porque tudo o que eu pensava era verdade, inclusive meu filho agarra meu braço enquanto escrevo este livro. Mas nunca imaginei que os "empecilhos" que os filhos impõem (por escolha nossa) são o maior pedido de amor que existe (ele agora subiu para meu colo), e tê-los um pouco mais tarde me deu tempo para fazer 12 anos de psicanálise (um erro caríssimo, que devíamos cometer mais), dar 15 anos de aula (o que amei, até se tornar impossível suportar o custo de oportunidade de horas melhor pagas) e saber que, sobre filhos, temos que entrar no mundo deles assim como eles também têm que entrar no nosso: nossos filhos têm quatro anos e desde os seis meses já estão conhecendo o mundo.

Acredito que a vida recomeça várias vezes.

Acredito que desaprender é antecipar o fim e, com isso, postergá-lo. Acredito que aprender de novo é recomeçar do meio.

VOCÊ LARGARIA UM EMPREGO SEGURO PARA UMA EXPERIÊNCIA EM OUTRO PAÍS?

( )

SIM

( )

NÃO

AOS 14 ANOS EU APRENDI DE NOVO

Havia uma loja de skate em uma galeria comercial de Porto Alegre. Era a loja mais legal da cidade, e em volta dela girava uma verdadeira constelação de skatistas: a loja tinha dois andares e o que importava mesmo era o andar de cima, onde os skates eram montados e o pessoal ficava ali assistindo, batendo papo e trocando peças uns com os outros. Mas tinha algo mais ali: aquela era a loja que patrocinava os melhores skatistas da cidade.

Aquela foi a época em que meus pais se separaram e o skate foi meu principal "canal de escape". Minha terapia e minha autoanálise: eu voltava do colégio ao meio-dia, nossa mesa tinha apenas ¾ dos lugares ocupados, e para tentar amenizar as saudades eu mal saía da mesa e já estava girando pela cidade. Eu sabia onde estavam as rampas e as pessoas que não me fariam perguntas, e aos poucos aquilo foi se tornando a minha rotina. O skate dormia ao lado da minha cama, e eu o levava para o colégio. Chegava a acordar no meio da noite e colocá-lo nos pés como se estivesse treinando um *jump*. Um dia cometi um erro (mais um) ao pensar que estava pronto para determinada manobra, caí na calçada e tive uma fratura exposta no dedão da mão direita. Me recuperei e voltei a andar e, é claro, fui ganhando habilidade.

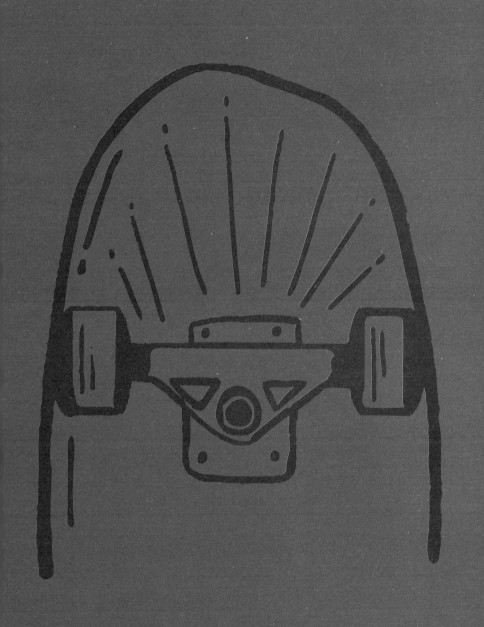

VOCÊ CONSIDERA POSSÍVEL CONCILIAR UMA CARREIRA DE SUCESSO

COM ALMOÇAR EM CASA?

Tanta habilidade, na minha opinião, que numa daquelas tardes lá na loja eu esperei, ansioso, até que ela fosse esvaziando e, quando ficamos ali apenas eu e um dos donos, perguntei se eles não queriam me patrocinar (patrocínio, na Porto Alegre daquela época, não envolvia dinheiro: no máximo um *shape*, uma camiseta com seu nome nas costas, uns acessórios, seu nome anunciado com patrocinador nos campeonatos, mas, sim, certo reconhecimento, certo *status*). Ele respondeu que a equipe já estava completa, mas disse que era muito legal eu estar ali pedindo aquilo. Disse que sabia que eu estava treinando bastante (eu participava de campeonatos de colégios, às vezes chegava às finais, uma vez tirei terceiro lugar), disse que achava que eu estava andando bem e aquela situação me fez um bem danado: eu, que era baixinho, usava óculos e muitas vezes não tinha coragem de tirar a menina para dançar, pus lentes de contato e cresci 20 centímetros nos anos em que andava de skate (não estou inventando isso) e aprendi que arriscar não custava nada. Mais: aprendi que nossas vontades, quando verdadeiras, são como sementes.

Semanas depois, eu descia de skate a lomba da Avenida Mostardeiro (uma lomba íngreme perto do apartamento onde morávamos) e ali, no meio da lomba, havia uma loja de skate e surf. Quando eu passei, os donos estavam ali na frente e me pararam. E disseram: "Cassio, a gente quer te patrocinar. Topa?". Hoje, sempre que apresento uma proposta numa empresa ou me ofereço para algum projeto com o qual sonho (e alguém me diz não), lembro dessa história.

E espero um dia ensinar a meus filhos que, quando a vida aperta, possivelmente é porque a gente tem que desaprender algo.

E depois aprender de novo.

Mesmo que a gente erre bastante.

"O ANALFABETO DO SÉCULO XXI NÃO SERÁ AQUELE QUE NÃO CONSEGUE LER E ESCREVER, MAS AQUELE QUE NÃO CONSEGUE APRENDER, DESAPRENDER E REAPRENDER."

ALVIN TOFFLER

ESTAS PÁGINAS CONVIDAM VOCÊ A:

1.
DESAPRENDER

2.
APRENDER DE NOVO

DESAPRENDER É PARECIDO COM DESAPEGAR.

DESAPRENDER É DESAPEGAR DAS ORTODOXIAS DO CÉREBRO.

A ------------------------------- desapareceu porque não desaprendeu.

(Coloque aqui o nome de qualquer empresa que desapareceu,
e eu provo a você que ela desapareceu porque não desaprendeu).

------------------- deu um fora em você porque você não desaprendeu
(ou, não desaprendendo, desaprendeu).

Quando estávamos grávidos do Bê e da Gabi, nosso casal de gêmeos, o rabino Guershon Kwasniewski nos ensinou algo surpreendente: segundo o Talmude, quando está se formando dentro da barriga da mãe, um bebê vai aprendendo toda a Torá (livro sagrado dos judeus). E a esquece completamente no exato momento em que nasce.

O SER HUMANO DESAPARECERÁ

SE NÃO
DESAPRENDER

Desaprender é fundamental porque:

A/A GENTE ESQUECE PARA PODER APRENDER DE NOVO

Faça um teste: se você tiver filhos pequenos, experimente jogar com eles o jogo da memória. O meu filho de quatro anos ganha sempre de todos nós. Sabe por quê? Porque nessa idade a gente desaprende a todo momento. E com isso ganha capacidade de aprender de novo e de novo.

B/DESAPRENDER É INCREMENTAL

Desaprender, assim como aprender de novo, é incremental: é no mínimo injusto julgar o fracasso da longevidade de marcas e negócios pela ótica do "devia ter feito isso".

Justamente porque o fracasso de iniciativas tanto pessoais quanto empresariais está muito mais ligado às inúmeras e pequenas oportunidades desperdiçadas de desaprender do que a um único fato, decisão ou mesmo má sorte.

C/A LEGO DECIDIU DESAPRENDER

Possivelmente você reparou que a capa deste livro faz uma referência à Lego.

Além de ser fonte para brincadeiras e mesmo exercícios empresariais inspiradores, a Lego está dando ao mundo uma aula sobre desaprender.

Ela anunciou, há pouco, que não terá mais peças plásticas até 2030. As peças serão substituídas por versões de polietileno, que tem como base a cana-de-açúcar.

Determinante para a Lego, a mudança destaca a coragem de uma marca tradicional no mercado de mudar radicalmente seus processos, buscando renovação e longevidade. Mesmo que ainda não tenha garantias de que as peças terão a mesma qualidade ou possibilidade de utilização.

Agora, mais do que o investimento de quase US$ 200 milhões, imagine por um momento o impacto dessa mudança no cenário produtivo de uma empresa de mais de 80 anos que cresceu aprendendo a produzir à base de plástico. Imagine o impacto nas relações com fornecedores, acionistas, consumidores e mesmo turistas de parques temáticos com quase 100 milhões de peças que em breve se tornarão figuras de museu. E reflita:

Se uma empresa do tamanho da Lego está disposta a desaprender, por que nós, com processos supostamente menos arraigados, mais ágeis e de menor impacto ao redor, não estaríamos?

D/PRECISAMOS DESAPRENDER SE QUISERMOS TER UM PITCH

E se Howard Schultz, eterno CEO da Starbucks, não tivesse convencido os fundadores de que valia a pena oferecer a bebida, e não apenas o grão? Mais do que afirmar que uma ideia não é de quem a teve — e sim de quem a fez —, podemos lembrar da quantidade de disrupções que partiram de um pitch.

(E se os antigos donos da Starbucks não estivessem dispostos a desaprender?)

A rede de cafés Starbucks expandia para o Japão em 1985: era a primeira incursão internacional da marca e, na noite anterior à inauguração, Howard Schultz acertava detalhes com o investidor parceiro em Tóquio.

A empresa de pesquisas contratada pela Starbucks arriscara que a entrada no Japão seria um desastre: a política de não permitir fumar nas lojas, os custos imobiliários nas alturas e a inexistência de uma cultura *takeaway* tornaria tudo impossível — só que o empreendedor confiava no que criara. Mas a Starbucks japonesa seria inaugurada em agosto: num sol de trinta e cinco graus celsius e umidade relativa do ar próxima a 100 por cento.

Péssima ideia, concluiu ele na noite anterior à inauguração. A Starbucks ainda não vendia cafés gelados, e ele pediu ao intérprete que traduzisse, em plena véspera, sua decisão ao investidor japonês: vamos esperar dois meses, até arrefecer o calor. Estranhando a reação sorridente, Schultz foi conferir e depois soube que, com medo de dizer tais palavras, o intérprete as traduziu por: "Nossa inauguração amanhã será um sucesso". Na manhã seguinte, com cobertura da rede CNN, os japoneses faziam uma fila que dava duas voltas no quarteirão.

(E se Howard Schultz não estivesse disposto a desaprender? Ou aprender de novo, desta vez com um tradutor que nada entendia do negócio?)

O pitch é venda na veia, por mais absurdo que pareça: "Convidaremos as pessoas a postarem fotos de seus quartos, banheiros, de seus espaços mais íntimos, chamando estranhos para se hospedarem em suas casas, vai ser gigante!", ironizou Joe Gebbia quando refletia sobre o pitch que resultou na maior empresa de hospedagem do mundo.

(E se os investidores do Airbnb não estivessem dispostos a desaprender um dos principais ditados, que nos ensinaram bem cedo, que estranhos significam perigo?)

Jenn Hyman, fundadora da Rent the Runway, teve a visão de que o closet se mudaria para a nuvem.

Teste:

Você está com 20 anos de idade e tem uma ideia como a de Jenn. Pensa: para quem eu poderia vender essa ideia? Diane Von Fürstenberg. Você não a conhece. Descobre o e-mail, passa o pitch e ela surpreendentemente marca uma reunião para o dia seguinte. Você vai, vende a ideia, ela pede um protótipo/mvp. Você prepara e, quando está no carro a caminho do escritório dela, a agente liga dizendo que ela não vai receber você. Você diz que já está a caminho, e ela reforça: Diane não poderá receber você. Você desconversa e diz: estamos bem perto, vamos dar apenas uma passada, e ela responde: Diane não quer ver você, o que você não entendeu? Você diz: ah, ok, estamos indo embora. Depois disso, você:

A ( ) Fica paralisado?

B ( ) Chora?

C ( ) Aparece lá do mesmo jeito, entra e vende de vez a ideia?

(Pode ser mais de uma resposta...)

(E se Diane Von Fürstenberg não estivesse disposta a desaprender e aprender de novo com uma menina de 20 anos de idade?)

Depois de optar pela letra C, Jenn Hyman vai ao presidente da Neiman Marcus pleiteando alugar um percentual de seu estoque e se surpreende com a resposta dele: fique à vontade, nossas clientes já fazem isso em 70% das vezes — compram o vestido, escondem a etiqueta, usam e devolvem no outro dia. O conceito chamou a atenção dos sócios do Alibaba, e hoje a empresa tem valuation de quase US$ 1 bilhão.

O pitch é a locomotiva do propósito: Adam Lowry e Eric Ryan, fundadores da Method, atacaram o clichê "green doesn't clean". Aos vinte anos de idade, enviaram um e-mail a Karim Rashid, um dos maiores designers do mundo: "Queremos trabalhar com você para redesenhar o detergente, um produto que repousa sobre todas as pias da América do Norte. Você trabalharia conosco?". Ele respondeu sim em menos de um minuto e, para comprovarem pureza, os sócios beberam detergente diante das câmeras. E com isso reinventaram toda a categoria de produtos de limpeza nos Estados Unidos.

O mundo vai se tornando diferente à medida que vamos vendendo e comprando o pitch.

> **DESAPRENDER NOS OPORTUNIZA APRENDER DE NOVO. MAS NÃO DO JEITO QUE OS PROFESSORES NOS ENSINARAM, E SIM DE NOSSO PRÓPRIO JEITO: AÍ É QUE ESTÁ A SINGULARIDADE.**

O romance Anna Karenina, de Leon Tolstói, inicia-se com a célebre frase: "Todas as famílias felizes se parecem entre si; as infelizes são infelizes cada uma à sua maneira". Valendo-se de uma releitura inversa, Peter Thiel, um dos fundadores do PayPal, sugere, em seu livro *De Zero a Um*, que toda empresa que fracassa é igual; mas que cada empresa de sucesso é única.

PENSE NUMA PESSOA DE SEU CÍRCULO PROFISSIONAL QUE INCOMODE VOCÊ. PODE SER UM COLEGA, UM GESTOR, ALGUÉM DE SUA EQUIPE.
AGORA TENTE RESPONDER COM HONESTIDADE: POR QUE ELA INCOMODA VOCÊ?

VEJA SE A RESPOSTA É ALGO COMO:

( ) **ELA ESTÁ SEMPRE INVENTANDO MODA.**
( ) **ELA NÃO SE ENQUADRA NOS PADRÕES CULTURAIS DA NOSSA EMPRESA.**
( ) **ELA ME TIRA DO SÉRIO.**
( ) **ELA FALA DEMAIS, MESMO QUANDO NÃO É SOLICITADA.**
( ) **ELA NÃO RESPEITA HIERARQUIA.**

SE A RESPOSTA FOR QUALQUER UMA OU MESMO UMA COMBINAÇÃO DAS ALTERNATIVAS ACIMA, POSSIVELMENTE VOCÊ ESTÁ PERDENDO A CHANCE DE DESAPRENDER E APRENDER DE NOVO COM ALGUÉM COMO JENN HYMAN, JOE GEBBIA, HOWARD SCHULTZ, PETER THIEL, LEON TOLSTÓI OU STEVE JOBS.

Deixamos a felicidade escorrer sempre que não exercitamos a busca da singularidade: sugerimos que nossos clientes se amparem

no ferrolho de benchmarkings, enquadramos nossos filhos em pré-
-moldes de comportamentos. E valorizamos, em nossas equipes (e
nas salas de aula), as pessoas que nos desacomodam menos – quando a originalidade se constrói bem pelo contrário.

Temos muito a nos espelhar em quem inovou, mas o simples ato
de copiá-los significa, apenas, que não aprendemos nada com eles:
você vai se separar em quinze dias se reproduzir as medidas exatas
do casamento de sucesso de 60 anos de seus pais.

E/O IMPORTANTE É NÃO COMPETIR

Fomos ensinados a pensar em "fracasso" sob a ótica de uma competição que, num mundo de vantagens transitórias, veste a armadura
da comparação: nos juraram que o importante era competir, mas e
se o inteligente for ser singular a ponto de nem precisar competir?

SEGUNDO O IBGE, OS CASAMENTOS NO BRASIL DURAM, EM MÉDIA, 14 ANOS.

PARA CONTINUAR CASADO, VOCÊ PRECISA DESAPRENDER.

O MUNDO DE HOJE SUGERE QUE PODEMOS DESAPRENDER OS ANTIGOS CONCEITOS DE COMPETIÇÃO.

SÓ QUEM DESAPRENDE APRENDE DE NOVO.

2. APRENDER DE NOVO

TIVE QUE
APRENDER
DE NOVO.

NÃO TIVE
ESCOLHA.

Eu e a Déia demoramos muito para conseguir ter filhos.

Achando que já sabíamos de tudo, postergamos um pouco mais: optamos por primeiro nos estabilizar financeiramente, avançar em nossas carreiras e conhecer o que pudéssemos do mundo.

Depois, decidimos tentar em grande estilo: passamos um mês inteiro de férias nos Estados Unidos e lá começamos a praticar.

Ela engravidou três meses depois, e cinco semanas mais tarde perdemos a gravidez.

Tentamos mais um ano, ela engravidou e em seguida perdemos a gravidez de novo.

Começamos a desaprender: conseguir ter filhos não era tão fácil.

Investigamos, tratamos, experimentamos opções e métodos, e nesse meio-tempo minha mãe adoeceu de câncer e morreu um ano depois.

Quando sua mãe está para morrer, você aprende a tomar as decisões sozinho.

Quando sua mãe morre, você aprende a conviver com um buraco.

Mas depois que a mãe morreu, conseguimos engravidar. Na primeira ecografia, a Déia se assustou e eu vibrei quando o médico disse: Temos dois!

Uma gravidez de ouro, uma linda expectativa, a doce espera.

Viajei a Miami sozinho para fazer o enxoval, montamos o quarto com dois berços, vieram as contrações, veio o dia mais importante das nossas vidas.

Os bebês nasceram prematuros, mas de 36 semanas, o que, para gêmeos, é como se fossem 40 semanas.

Só que nos dias dentro do hospital eu percebi que a Déia estava diferente. Tinha dificuldade de levantar da cama, falava devagar, se mexia com lentidão e estava inchada: até aí, sintomas normais de uma parturiente.

Em casa, ela começou a piorar.

Um exame de sangue comprovou uma grave infecção hospitalar e eu a levei de volta ao hospital.

Nossos filhos tão esperados, com uma semana de vida, permaneceram na nossa casa com a avó.

Um período de sombra: dias passaram até que se tivesse certeza do diagnóstico da Déia, e ela precisou ser operada com urgência.

Ela passou o aniversário no hospital, eu acendi uma vela e cantei parabéns, e ela foi operada na noite de seu aniversário.

Foi a sensação mais triste que já tive até hoje: multiplique por cem o sentimento de perder sua mãe.

Passou dez dias na CTI do mesmo hospital onde fora infectada e mais 22 dias internada em quarto.

Nesse momento, desaprendi o que significava planejamento para receber dois filhos e aprendi, mesmo que não fizesse sentido, que a responsabilidade pela cura da Déia era principalmente minha.

Eu era a única ligação dela com nossos filhos.

Dormi todas as noites no hospital com ela.

O estado dela chegou a ser tenso.

Eu tinha certeza de que o pior não aconteceria.

Teve um dia em que eu decidi colocar o Bê e a Gabi nos bebês-conforto e, contra a opinião de toda a família, levá-los ao hospital até ela.

Mais tarde, ela me disse que foi aquilo que a salvou.

Eu era uma pessoa bastante científica e naquele momento desaprendi o valor da ciência e aprendi novamente o valor da fé.

Eu me sentia sozinho e chorava todos os dias, mas nunca na frente dela: sabia que o que eu sentia era muito menor do que o que ela suportava.

Ela melhorou e eu cumpri o que havia prometido olhando nos olhos de minha filha: vou trazer a mamãe de volta para casa.

(Como é possível uma bebê de uma semana me olhar como se perguntasse: O que está acontecendo com a mamãe, papai?)

Eu não tinha escolha. Levei-a de volta para os filhos dela.

E então aprendemos tudo de novo.

QUERO CONVERSAR UM POUCO COM VOCÊ SOBRE:

1/POR QUE APRENDER DE NOVO?

2/ONDE APRENDER DE NOVO?

3/COMO APRENDER DE NOVO?

2.1 POR QUE APRENDER DE NOVO?

Porque você não tem escolha. E a vida vai mostrar (ou já mostrou) isso a você.

E também:

A/PORQUE A INCERTEZA É A BOLA DA VEZ

Temos todos um futuro imprevisível, ou você acha que eu esperava receber um patrocínio descendo uma lomba de skate?

Mas, até aí, nada de novo: o mundo é VUCA (volátil, incerto, complexo e ambíguo) desde os dias de nossos ancestrais, e é um desperdício pensarmos que não temos, coletiva ou individualmente, papel ativo no direcionamento desse futuro.

Nos escondemos detrás da cortina de um destino assustadoramente incontrolável. E com isso adiamos escolhas, na esperança de obtermos mais dados. Deixamos de viajar e de construir. Postergamos a decisão de ter filhos. Vestimos óculos que só nos mostram o de costume, supondo paradoxal controle sobre uma astronave que, como cantavam Toquinho e Vinícius, não tem tempo nem hora de chegar.

Mas é uma astronave que, cada vez mais, poderemos começar a pilotar.

COMO VOCÊ ENCARA A INCERTEZA?

Já reparou em como os que aprendem de novo encaram a incerteza? Tornam-se confortáveis com o desconhecido e decidem o que fazer quando não conhecem algoritmos de estrada, antes o contrário: entendem que o próprio fato de tomar a decisão é no mínimo caminho para estabelecer prioridades, e que é possível avançar na direção certa mesmo fazendo, momentaneamente, escolhas erradas.

Já pensou se, por curiosidade, revistássemos as "previsões de época" e comparássemos com o que de fato ocorreu? Veríamos que é quase impossível de se prever o que chamamos de "grandes rupturas", justamente porque elas nada mais são do que recompensa orgânica para quem — não importa a área — mergulha no desconhecido e investe tempo e recursos conectando insight colaborativo com incremento aplicado e útil.

Enquanto não nos proporcionarmos tempo para aprender que *machine learning* não significa robôs dominando a Terra, que inteligência artificial é tão "coisa de futuro" quanto a Netflix lhe sugerindo um título com base nos seus hábitos, e que você pode conviver com uma pessoa que não vota no seu partido político, continuaremos a confundir disciplina com rigidez, obstinação com obsessão e foco com estreitamento.

E por que nos recusamos a aceitar que o futuro não vem do passado, e sim do que estamos construindo exatamente agora? Talvez já esteja na hora de nos darmos conta de que não ter tantas certezas é a única chance de sermos um dia surpreendidos ou mesmo de surpreendermos alguém.

ALGUMAS PREVISÕES DE ÉPOCA

"A MÚSICA COM GUITARRA ESTÁ EM DESUSO."
(Gravadora Decca, ao recusar os Beatles em 1962)

"HÁ UM MERCADO MUNDIAL PARA TALVEZ CINCO COMPUTADORES."
(Thomas Watson, Presidente da IBM)

"EM 20 ANOS, MAIS DA METADE DA POPULAÇÃO AMERICANA VIVERÁ EM TRAILERS."
(Revista Popular Mechanics, 1935)

"COMPRAS A DISTÂNCIA NUNCA SERÃO POPULARES."
(Revista Time, 1966)

"A APPLE É UMA BAGUNÇA SEM VISÃO ESTRATÉGICA E SEM FUTURO."
(Revista Time, 1996)

"SPAM SERÁ COISA DO PASSADO EM DOIS ANOS."
(Bill Gates, 2004)

COLOQUE AQUI DUAS PREVISÕES DE ÉPOCA QUE ESTÃO ANUNCIADAS HOJE:

1)--

2)--

Guarde este livro e confira daqui a dois anos se foi isso mesmo o que aconteceu.

UMA PEQUENA HISTÓRIA SOBRE DOIS COLEGAS DE UMA DISCIPLINA DE FILOSOFIA EM STANFORD, CALIFÓRNIA. UM ERA DE UMA POSIÇÃO POLÍTICA DE EXTREMA ESQUERDA, O OUTRO ERA UM LIBERAL CONVICTO. QUANDO SE TORNARAM COLEGAS NESSA DISCIPLINA, UM JÁ OUVIRA FALAR DO OUTRO, E SAÍRAM UMA NOITE PARA BEBER UMAS CERVEJAS. PASSARAM OITO HORAS DISCUTINDO VEEMENTEMENTE, ATÉ QUE RESOLVERAM PARAR E PERGUNTAR UM AO OUTRO:

"O QUE EXATAMENTE VOCÊ QUER?"

O LIBERAL DISSE QUE QUERIA AVANÇAR O CAPITALISMO NO MUNDO, POIS, SEGUNDO ELE, TRATAVA-SE DA GRANDE DESCOBERTA DO SENTIDO DA VIDA. O DE ESQUERDA CONSIDERAVA O CAPITALISMO UMA GRANDE TECNOLOGIA, MAS UMA MEDÍOCRE FILOSOFIA: ELE GOSTARIA DE GANHAR DINHEIRO PARA CRIAR PROJETOS COM SIGNIFICADO, E NÃO PARA COMPETIR PARA VER QUEM TERIA A MAIOR CONTA BANCÁRIA. AMBOS CONCORRIAM A SENADO UNIVERSITÁRIO E RESOLVERAM UNIR AS CAMPANHAS. TORNARAM-SE GRANDES AMIGOS, E UM AJUDOU O OUTRO A CONSTRUIR SUA EMPRESA.

SABE QUEM ERA O DE ESQUERDA?

Reid Hoffman, que ajudou o liberal a construir um negócio chamado Paypal.

SABE QUEM ERA O LIBERAL?

Peter Thiel, que ajudou o de esquerda a construir um negócio chamado LinkedIn.

B/PORQUE NOSSO LUGAR É LÍQUIDO

Lembro de uma época em que grande parte das palestras começava com a frase "o mundo mudou". Procuro não iniciar minhas palestras assim, mas reconheço que hoje, parece, estamos diante de uma releitura na qual o que mais se pergunta – apoiando-se em exemplos de que o principal varejista, a principal empresa de hospedagem e a principal empresa de transporte do mundo não possuem lojas, imóveis e tampouco veículos próprios – é como atividades e profissionais sobreviverão a um cenário onde o que era investigável passou a ser imprevisível.

Trata-se, é claro, de discussão bastante relevante. Mas chama a atenção como ela é conduzida: por profissionais de mercado estabelecidos, consagrados até, de certa faixa de idade. Alguns, com razão, poderão argumentar que esses justamente são os que estão em posição de dar palestras, escrever artigos, puxar a discussão sobre um tema inquietante e atual. No entanto, o tom e mesmo o excesso das conversas surgem muito da preocupação em tentar encontrar, de preferência logo, o nosso lugar nesse novo que nos deixa inseguros, sobretudo no Brasil que hoje temos diante de nós.

Parece que, em dado momento, esquecemos do que nos fez chegar até aqui. Nosso lugar a gente encontra por planejamento, mas também aprendendo de novo: com adaptação e intuição, tentativa e erro, persistência e suor.

ERROS CONTAM HISTÓRIAS, LEMBRA?

Isso se, de fato, existir algo que possamos chamar de nosso lugar, em um mundo cada vez mais líquido, mais incerto, como bem sabem os jovens: ao contrário de nós, não passam o tempo a se perguntar sobre o que poderá ou não acontecer. Vivem o presente improvisando, criando e recriando na prática em cima do que existe ou pode existir.

Só conseguiremos mergulhar mais fundo quando tocarmos a borda do que está perto. A Internet das Coisas revolucionará a maneira como utilizamos produtos e serviços. Mas não trará nada mais mágico do que o som da risada de nossos filhos quando brincamos com o sentido original da cauda longa, do oceano azul e, por que não, da própria nuvem — nos momentos em que nos dedicamos ao aqui e agora, e não aos temores de um futuro inimaginável que, assim como qualquer outro, nunca chega, nunca basta.

NÃO IMPORTA A SUA IDADE: VOCÊ TERÁ QUE APRENDER DE NOVO.

C/PARA NÃO FICARMOS COMO O VELHO NO MAR

O livro *O Velho e o Mar*, reputado como o preferido entre os leitores de Ernest Hemingway, nos ensina muita coisa – inclusive sobre desaprender. O pescador Santiago, há 84 dias sem apanhar um peixe, se lança ao mar em seu pequeno barco Gulf Stream a remo.

JÁ LEU O VELHO E O MAR?

Temos, de saída, um teste dos limites da resiliência: mesmo considerado um "salao" (azarado da pior espécie) pelos pais do garoto que lhe acompanhou por 40 dias – mas que agora os pais destinavam a outro barco –, o pescador continua fazendo o que fez todos os dias: a única coisa que importava em sua vida.

COMO DESAPRENDER A ÚNICA COISA QUE SABEMOS FAZER?

Vivemos tempos complexos e velozes, e mesmo que empreendedores de sucesso persistam às vezes por anos até que uma ideia se torne "sucesso da noite para o dia", precisaremos, se não quisermos vacilar na linha tênue que separa perseverança e obsessão, construir uma ponte inteligente entre as medidas que tomaremos agora e as atitudes que nos trouxeram até aqui.

No livro, pouco depois de remar a alto-mar, um peixe Marlim de quase seis metros puxa a linha do pescador Santiago. Inicia-se assim um embate que persiste por dois dias e duas noites, com intervalos tocantes de paz negociada e diálogos como os que apenas Hemingway sabia escrever: "Peixe, de qualquer modo você tem que morrer. Acha que precisa matar-me também?".

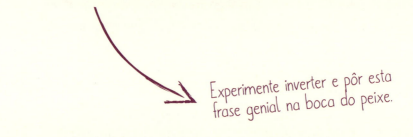

Experimente inverter e pôr esta frase genial na boca do peixe.

O livro está centrado na luta: como a que travamos todos os dias em nossas empresas, disputando mercado com nossos concorrentes muitas vezes isolados como o pescador Santiago, armados apenas com bastões leves pressionados pelos calos de nossos dedos. O mercado, no entanto, exige que aprendamos de novo, nos aproximando de outros públicos e lutando com as munições da cocriação e da criatividade, sob pena de termos o mesmo final do pescador: enfrentarmos sozinhos dois tubarões que aparecem para devorar um peixe que, em termos logísticos, é grande e pesado demais para transportarmos dentro de nosso pequeno barco.

CONTRA QUAIS TUBARÕES VOCÊ ESTÁ LUTANDO HOJE?

E então já não basta o sangue nos olhos de uma indústria fonográfica lançando arpão no tubarão Napster: as lágrimas que escorreram na água logo atrairão tubarões vizinhos, restando-nos voltar à margem ricos com o aprendizado da aventura, mas cansados de não poder mais vender nosso peixe.

D/PORQUE HÁ UM NOVO MODELO DE VALUATION

Caminhamos em ritmo acelerado para um novo modelo de valuation, deixando de valorizar negócios pelo preço de fatias de pizza para passar a avaliá-los dentro de uma lógica de buffet: onde servimos nossas inquietações que, por serem as mesmas da sociedade, levam os clientes a fazerem fila na porta, nos mostrando o quanto nosso propósito vale.

QUAIS SÃO SUAS TRÊS PRINCIPAIS INQUIETAÇÕES? OU QUAIS SÃO OS TRÊS PROBLEMAS (DA SUA CASA, DO SEU SETOR, DO MUNDO) QUE DEVERIAM ESTAR SENDO SOLUCIONADOS?

1) _____

2) _____

3) _____

O novo modelo de valuation é um paradigma com potencial para construir ponte. Mas que, se mal compreendido, cava ainda mais fundo o fosso geracional: numa beira a geração Y, indo de bicicleta para trabalhar de bermudas. Na outra, a geração Z, bebê em quem depositamos o peso do motor da transformação digital. E dentro a geração X, tentando escalar a parede do entendimento de como as outras duas conduzirão negócios.

Não é de hoje, por outro lado, o gap entre as "crenças" plantadas no tempo: Jerry Greenfield, baby boomer e um dos fundadores da Ben and Jerry's, contou a seus pais apenas depois de ter aberto a primeira loja em Burlington, Vermont, que tentaria vender sorvete em uma cidade com sete meses de inverno por ano. Culminou que na verdade eles estavam aliviados por ele não ter se tornado caminhoneiro (tão entusiasmados que ele teve a clara sensação de estar tomando a decisão errada). Quanto ao entrave sazonal, ele resolveu pela criatividade: um centavo de desconto no sorvete para cada grau abaixo de zero na rua.

Ben Cohen, um dos sócios da Ben and Jerry's, não tinha olfato. Assim, definiu o padrão do sorvete pela textura. Quando a empresa completou um ano, deu sorvete de graça para toda a cidade, pois sequer acreditava que poderia um dia chegar nesse estágio.

Na lógica antiga de valuation, não acelerávamos sem a garantia dos freios de um plano de negócios. Na lógica atual, previsões de demanda são como nuvens à mercê do vento, e passou da hora de entendermos que os consumidores se importam menos com quanto vale nossa empresa do que com nossa capacidade de oferecer soluções reais, de preferência com propósitos engajadores.

Os indicadores passam a estar menos relacionados a métricas bancárias do que a imagens que nos fazem sorrir de orelha a orelha: como quando a gente entra no metrô e percebe que as pessoas estão usando os óculos que vendemos por um quinto do preço que o mercado cobrava antes. E ainda (ou justamente por isso) damos um de graça a quem não pode pagar.

A Warby Parker, empresa que reinventou o mercado de óculos nos Estados Unidos, foi fundada por quatro estudantes de MBA da Wharton University. Alguns deles perdiam óculos o tempo inteiro e estavam cansados de pagar mil dólares por um produto que sequer era vendido on-line. Hoje a empresa vale 1 bilhão de dólares, a marca foi nomeada pela junção de nome e sobrenome de dois personagens de um romance de Jack Kerouac, e os sócios reconhecem as pessoas que usam suas armações no metrô.

E/PORQUE AINDA NOS SURPREENDEMOS COM NEGÓCIOS FEITOS PARA NÃO DAR DINHEIRO

Se pegarmos a lista dos cinco sites mais visitados no mundo – Google, YouTube, Facebook, Baidu (espécie de Google da China) e Wikipedia –, será que podemos estimar a fortuna pessoal de cada um dos fundadores? Larry Page, do Google, tem, segundo a Forbes, uma fortuna pessoal de US$ 50 bilhões. Mark Zuckerberg nada em uma piscina de 70 bilhões de moedas de um dólar. Cada um dos fundadores do Baidu tem US$ 15 bilhões. Os fundadores do YouTube venderam sua parte por meio bilhão cada. E Jimmy Wales, fundador do Wikipedia, tem uma fortuna avaliada em pouco mais de US$ 1 milhão. Por quê? Porque ele criou um negócio para não dar dinheiro. Mas sim revolucionar a maneira de gerar conhecimento colaborativo no mundo.

QUANDO VOCÊ PENSA EM INICIAR UM NEGÓCIO, DINHEIRO É SEU ÚNICO DRIVE DE MOTIVAÇÃO?

Ele poderia ganhar fortunas vendendo espaço publicitário. Afinal, tem o quinto site mais visitado do mundo. Mas ele diz que não precisa de mais dinheiro. Consegue perto de US$ 100 milhões em doações por ano. Diz que pode tomar um café com qualquer pessoa que ele queira. E conta que, quando diz às pessoas que é o fundador do Wikipedia, deixa-as sem fala. Segundo ele, se dissesse que é dono da maior rede de revendas de automóveis nos Estados Unidos, não teria uma reação nem mesmo próxima dessa: as pessoas diriam, ah!, ok.

F/POR CAUSA DO PARADOXO
DAVID BOWIE

Apenas serão longevas as empresas e pessoas que anteciparem o fim do que hoje fazem. Esta é a origem do aprender de novo, o paradoxo fundamental, e uma das coisas mais difíceis de se conseguir – ainda que o ser humano esteja provocando justamente isso.

David Bowie foi astronauta em 1969, com "Space Oddity", um dos singles mais tocados na Inglaterra. Foi narrador de contos de terror com "The Man Who Sold the World", surrealista com "Life on Mars", camaleão do rock com "Changes". E fez isso antecipando o final de ciclos bem quando as vendas estavam em alta.

Provocar obsolescência é buscar renovação. É nos libertarmos das ortodoxias que nós mesmos criamos baseados na crença ilusória de que o futuro não vem do futuro. Mudar o foco das "soluções que vendem" para o entendimento de problemas a solucionar: nosso negócio começa a derreter sempre que alguém "de outro mundo" encontra soluções melhores que as nossas para resolver os problemas que nós mesmos deveríamos estar resolvendo.

Bowie foi apocalíptico com "Ziggy Stardust", salvador com "Starman", crooner com "Wild is the Wind", roqueiro alemão com "Heroes" e romântico com "Ashes to Ashes". E com isso nos ensinou que mudança é um ato mais profundo que montar salas de inovação coloridas com a teoria do Design Thinking, mas a prática de tapar a verdade com "insights" que nos permitem mudar apenas naquilo que nos é confortável.

ANOTE AQUI O PRINCIPAL PROBLEMA QUE VOCÊ/SUA EMPRESA ESTÃO RESOLVENDO HOJE:

NÃO TEM PROBLEMA SE VOCÊ AINDA ESTÁ PENSANDO NO QUE COLOCAR. A RESPOSTA NEM SEMPRE É AUTOMÁTICA: MUITAS EMPRESAS GRANDES AINDA NÃO TÊM CLAREZA DO PROBLEMA QUE ESTÃO RESOLVENDO.

DAVID BOWIE PASSOU TODA A SUA CARREIRA SE REINVENTANDO. ELE FOI:

→ **ASTRONAUTA, EM 1969**
com "Space Oddity", um dos cinco singles mais tocados na Inglaterra.

→ **NARRADOR DE CONTOS DE TERROR**
com "The Man Who Sold the World" em 1970.

→ **SURREALISTA**
com "Life on Mars", em 1971.

→ **CAMALEÃO**
com "Changes", em 1971.

→ **APOCALÍPTICO**
com "Ziggy Stardust", em 1972.

→ **SALVADOR**
com "Starman", em 1972.

→ **CROONER**
com "Wild is the Wind", em 1976.

→ **ROQUEIRO ALEMÃO**
com "Heroes", em 1977.

→ **NOVO ROMÂNTICO**
com "Ashes to Ashes", em 1980.

Estamos, no plano pessoal, provocando nossa própria obsolescência na busca de uma longevidade sem paralelo com passado algum. Trata-se de um processo irreversível e mais natural a cada dia em que dotamos a inteligência artificial com as descobertas das ciências da vida para a compreensão de emoções e desejos, combinando habilidades de modo exponencial para que as máquinas aprendam decisão e intuição e possam substituir motoristas (e acidentes), professores, advogados, tradutores, cozinheiros, médicos, sua profissão, a minha também.

Tudo indica que o Bê e a Gabi sequer terão carteira de motorista. Dizem no vale do silício que já nasceu o último detentor de uma carteira de motorista.

Ray Kurzweil, da Singularity University, afirma categoricamente que, com a evolução da Medicina, a partir do ano 2100 viveremos 5.000 anos. Será interessante abraçar a mudança em vez de despejar trevas sobre o futuro de nossos filhos. David Bowie morreu aos 69, mas alguém discorda que ele viveu uns 500 anos?

G/PARA ESTARMOS PRONTOS PARA INOVAR

SE NÃO DERMOS A DEVIDA IMPORTÂNCIA A ENTENDER O PRESENTE, ELE TRATARÁ DE COLOCAR NOSSO FUTURO NUM PRETÉRITO BEM MENOS QUE PERFEITO.

QUAL O SEU GRAU DE

MENTAL MODEL

Visão de inovação da empresa, grau de engajamento das lideranças, extensão de pesquisa sobre o ambiente externo, incentivo à mudança, exposição ao risco, tolerância a erros, capacidade de geração de insights.

INOVAÇÃO COLABORATIVA

Proximidade com aceleradoras e startups, cocriação com parceiros externos, grau de interdisciplinaridade nos processo diversidade em contratações, compartilhamento de experiências positivas.

* INNOREADY® BY GRINBERG CONSULTING
Adaptado do Innovation Readiness Model Insead + Logica

VOCÊ ESTÁ PRONTO PARA INOVAR?

CAPACIDADE DE IMPLEMENTAÇÃO

Número de novas ideias colocadas em prática. Velocidade para prototipar e colocar uma nova ideia no mercado.

MENSURAÇÃO E APRENDIZADO

Avaliação dos resultados de mercado. Ciclo de aprendizagem. Métricas utilizadas. Pivoting e capacidade de ajuste.

H/PARA NÃO ENTRARMOS NAS CRISES

Para não entrar na crise é preciso parar de se perguntar a todo momento se haverá ou não a crise, como se a crise fosse um convidado com liberdade para chegar às nossas empresas e às nossas casas na hora que bem entender por uma força assombrosa própria e não pelo simples fato de que nós mesmos lhe estendemos, com nosso medo, o tapete. Para não entrar na crise, é preciso receber amigos e não falar na crise, grelhar uma picanha e tomar um tinto (sem anunciar no Facebook), ouvir Cole Porter e dançar com a pessoa amada domingo à tardinha com chuva na janela e Woody Allen na televisão.

PARA NÃO ENTRAR NA CRISE É PRECISO APRENDER DE NOVO e continuar trabalhando, trabalhar ainda mais, marcar reuniões e não falar na crise, criar projetos e aprovar orçamentos, sabem os sábios que o crescimento não vem da redução, e sim do próprio crescimento (e que em time que está vencendo se mexe, sim). Para não entrar na crise é preciso brincar com os filhos, é preciso fazer filhos, é preciso não ensinar aos alunos a crise, é preciso criar suas próprias crises – de vontade, de amor, de energia, de disposição.

Para não entrar na crise é preciso planejar não como sair dela, e sim como não entrar nela, sabendo que, nessa via, trafegar na contramão não gera multas, e que o perigo reside justamente em fazer o contrário. Para não entrar na crise é preciso gastar o dinheiro naquela viagem – mesmo se o dólar subiu. Improvisar em nossos mercados como os chefs improvisam em suas cozinhas, sabendo que a textura da ricota picada com os dedos e a cor da cebola no calor da panela são mais reais que a própria receita.

Para não entrar na crise a gente precisa saber que só participa daquilo de que escolhe participar, que se o concorrente está demitindo talvez a melhor escolha seja contratar, e que tempo é mais que dinheiro. Dinheiro vai e vem, tempo só vai. Para não entrar na crise é preciso dar passagem no trânsito e treinar para a meia maratona se preocupando apenas em superar seu próprio tempo. Crescer a cada dia, sem parar um dia sequer.

Lembram do que nos aconteceu logo depois que nossos filhos nasceram? Ali eu desaprendi o sentido antigo e aprendi de novo o verdadeiro sentido de improvisar. A gente não aprende apenas coisas boas de novo. Shit happens! E o que nos define é justamente como escolheremos lidar com os problemas. Se a vida escolhe por nós que participaremos de alguma coisa, podemos de fato escolher de que maneira participaremos dela.

DINHEIRO VAI E VEM.
TEMPO SÓ VAI.

I/PARA TERMOS UM PROPÓSITO (E UMA FÓRMULA PARA SAIR DA CAMA)

Lembra daquela sensação de querer sair da cama pela manhã, até antes de amanhecer, e começar a fazer as coisas? De pensar que existe algo que você quer tanto que chega a cogitar se parar para ir ao banheiro ou almoçar não é apenas perda de tempo? Se não lembra, não é porque está lhe faltando memória: pode estar faltando uma paixão verdadeira.

Se você não tem algo assim em sua vida, está na hora de encontrar. Não precisamos ser gênios: todos temos uma espécie de vocação, algo que fomos "destinados" a aprender a fazer. E que pode transformar a maneira como nos relacionamos com o mundo, com as pessoas próximas e inclusive com nós mesmos. Quando uma pessoa tem isso, exala o que chamamos de "sangue nos olhos". Quando uma empresa tem isso, é sinal de que alcançou um "propósito".

Ter um propósito pode ser solitário, principalmente porque envolve um exercício de desconforto: o de olharmos para dentro de nós e nos perguntarmos, sinceramente "eu gosto de verdade do que estou fazendo? Minha faculdade, meu trabalho, meu casamento, a situação onde me coloco e que me envolve na maior parte do tempo me toca verdadeiramente?"

COLOQUE AQUI UMA PERGUNTA INCÔMODA SOBRE O ATUAL MOMENTO DE SUA VIDA:

--?

QUANTO MAIS INCÔMODA FOR A PERGUNTA, MAIS CHANCE DE ELA SER FUNDAMENTAL.

A SOLIDÃO ILUSÓRIA DO PROPÓSITO

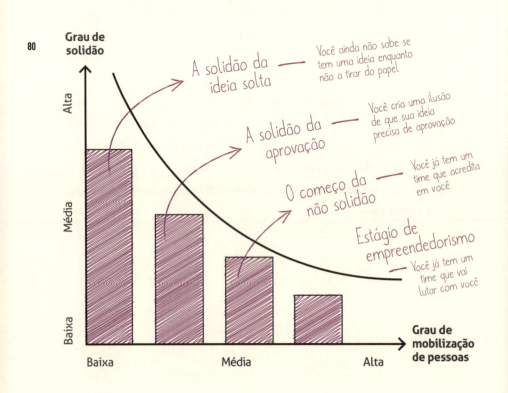

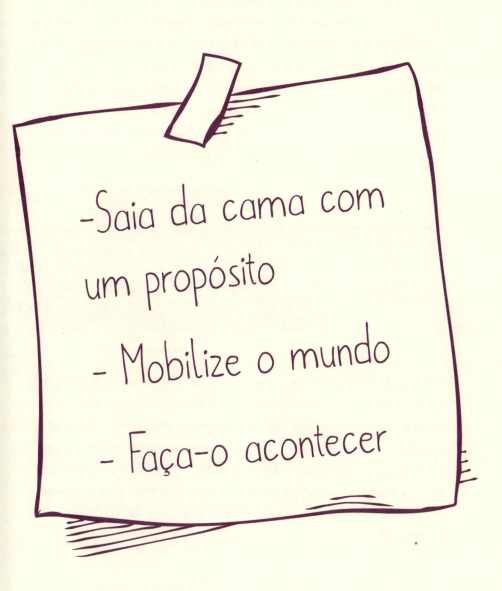

Vivemos em uma época de extremos, e eles também se projetam para o bem: extremos de criatividade, empreendedorismo, boom tecnológico e felicidade. Em um mundo onde invertemos a lógica (ele agora transita a favor das nossas paixões), onde primeiro vem o conteúdo e apenas depois sua eventual monetização, basta descobrirmos do que realmente gostamos e o mundo nos presenteia com a capacidade de sermos autodidatas. Gosta de comida? Trabalhe com isso. Gosta de viajar? Faça disso o seu próprio negócio.

ESQUEÇA O SENSO COMUM E PARE DE PEDIR UMA APROVAÇÃO QUE NUNCA BASTA.

Elon Musk não está perguntando às pessoas como elas pensam que será o futuro da mobilidade urbana: ele está cavando túneis embaixo de Los Angeles. Isso não tem apenas a ver com vocação: tem a ver com o fato imutável, e mesmo batido (mas dificilmente sentido de verdade), de que a vida é agora, uma filosofia presente no espírito empreendedor, na coragem de dar o passo acreditando que haverá chão para absorver pés – nem que ele tenha que ser pavimentado por nós mesmos.

J/PORQUE MESMO STEVE JOBS PRECISOU APRENDER DE NOVO

O Segway, uma espécie de hoverboard com guidão, prometia alcançar mais do que a própria bicicleta conseguira em duzentos anos: como solução para o caos do trânsito, dos Estados Unidos à China, venderia um bilhão antes mesmo de percebermos que, ao contrário do que nos ensinaram, mesmo inovadores como Steve Jobs cometeram enganos tão comuns quanto os nossos.

A Boring Company, empresa de túneis e loops de Elon Musk, foi selecionada em 2018 para projetar uma linha de alta velocidade entre o centro de Chicago e o aeroporto O'Hare. A empresa, que surgiu de algumas ideias lançadas no Twitter por Elon Musk, está construindo o complexo com suporte da Tesla, movido inteiramente por eletricidade. Especialistas financeiros preveem que, após entregue a obra, a Boring Co. atingirá um valor de mercado de US$ 16 bilhões.

Há um dilema na prática de inovação, facilmente transportável para o campo das relações humanas. É representado por correntes complementares, mesmo que baseadas em movimentos polares: enquanto a "Escola do Vale do Silício" sugere a lógica do "fail fast", a "Escola de Wharton" defende a procrastinação como mais favorável ao sucesso nos negócios.

Procrastinar expõe as vantagens do processo de incubação sobre o vício da pressa. Na essência, uma sorte de ansiolítico que nos previne de fazermos hoje algo que talvez não precisássemos fazer amanhã. "Pivotar", em contrapartida, evita que fracassemos a custos altos demais — nos separamos antes de ter os filhos.

Somos capazes de decidir melhor se estamos dispostos a abrir mão do "controle das variáveis". Um hábito cuja máscara de planejamento sufoca a intuição. E que se alimenta da autossuficiência de nosso orgulho de abrir mão: se acende uma falsa luz e desabamos na futurística das loterias quando nos socorremos da ilusão das certezas, e não de nossa alquimia de experiência e coragem.

Walt Disney acertou quando levou sete anos para finalizar sua "Branca de Neve", um sucesso procrastinado até o orçamento estourar seis vezes e sua casa ser hipotecada — mas o mercado estar recuperado da crise de 1929, e a ideia pronta para tornar-se um clássico. Steve Jobs ignorou o alarme de Jeff Bezos de que o Segway era apenas uma história bem vendida demais — e isso antes do tombo de George W. Bush diante das câmeras.

E por que, entre dois ícones, um soube procrastinar e o outro (que logo reinventaria a indústria do entretenimento) vacilou em pivotar? Porque o mundo, setenta anos depois, agora gira em transitoriedade líquida. Um tempo de olhar e escutar, com variáveis demais para manter sob controle.

K/PORQUE A HORA É DE ACELERAR

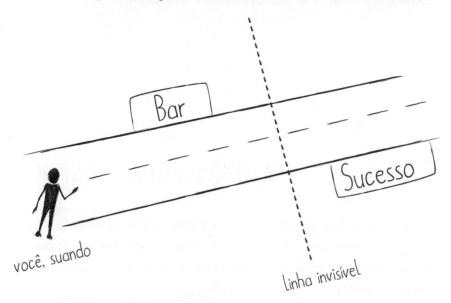

A hora de acelerar é justamente quando você está mais cansado, quase a ponto de desistir. Essa é a hora de acelerar: tenho visto que a diferença entre perfis de empreendedores é que aqueles que dão certo não são necessariamente os que chegam antes, mas os que mostram capacidade de continuar. Mesmo quando as pessoas, muitas vezes as mais próximas, já não acreditam mais. Propósitos não falham. Se ajustam. Negócios têm ciclos, e muitas pessoas desistem justamente quando estão mais próximas do que nunca do sucesso. Resiliência não é apenas levantar quando a gente cai. É também entender que, se não temos visão panorâmica para apreender o tamanho da estrada, é hora de parar: olhar para trás e ver a distância já percorrida. E então acelerar: o passado só não serve para nada se não aprendemos nada com ele, e o sucesso, provavelmente, deve estar nos próximos metros.

2.2 ONDE APRENDER DE NOVO?

Logo ali!

A/ONDE MORA O INSIGHT

Não existe fórmula definida para o insight. Woody Allen tem insights tomando banho, David Ogilvy tinha ideias vendo as pessoas abastecerem os carros, Joe Gebbia deu abrigo a um estranho e prototipou o Airbnb.

COMO VOCÊ OBTÉM SEUS INSIGHTS?
( ) **DE REPENTE, DO NADA?**
( ) **ATRAVÉS DE UM PROCESSO SISTEMÁTICO?**

Há, quanto a isso, pelo menos duas correntes: a) os que não acreditam que insight seja algo que se possa procurar de fato: para eles, o insight vem de repente, ou mesmo nunca. Certa vez perguntaram a Joan Miró se não eram fáceis demais de pintar os traços que ele colocava na tela. Ele respondeu: ou é terrivelmente fácil, ou é impossível. b) os que acreditam que insight pode ser obtido por meio de um processo sistemático, com métodos de brainstorming, técnicas laterais de De Bono ou grupos de discussão dirigida.

Ambas as correntes concordam que é difícil delimitar exatamente quando as ideias ocorrem. James Webb Young, em *A Technique for*

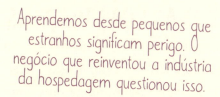

"John Kounios e Mark Beeman afirmam que você não consegue controlar um insight da mesma forma que consegue controlar um pensamento consciente: (insights) são como gatos: eles podem ser acariciados, mas não vêm necessariamente quando você chama".

Aprendemos desde pequenos que estranhos significam perigo. O negócio que reinventou a indústria da hospedagem questionou isso.

Producing Ideas, afirma que, em certo estágio, devemos simplesmente deixar o assunto como está, e a ideia surgirá quando você menos estiver esperando. Muito se falou, nos anos 1990, na teoria do Ócio Criativo: a possibilidade de maximizar criatividade unindo os pensamentos que apresentamos em situações distintas como estudo, trabalho e lazer. Situações cada vez menos separáveis, de forma que, se soubermos encontrar tempo que toca verdadeiramente nossa identidade, a tendência é que boas ideias fluam com mais facilidade em momentos distintos.

Em uma tarde de 1966, Tom Jobim está tomando um chope no Veloso, no Rio de Janeiro (que depois passaria a se chamar Garota de

Ipanema), quando o garçom se aproxima informando que Frank Sinatra está ao telefone. Sinatra o convida para gravar um disco com ele. Tom vai a Los Angeles e, entrando "in a Sinatra world", a gravação vai sendo adiada dia após dia, até que acontece somente duas semanas depois. Na espera, ele compõe "Wave" no piano do hotel.

Precisamos, é claro, separar a genialidade da média: nem todos são Tom Jobim, Frank Sinatra ou mesmo Steve Jobs. Ainda assim, como é possível termos um mundo com tão poucos gênios e, paradoxalmente, tantos insights? Já pararam para pensar que a genialidade também pode estar na resiliência, na persistência e no aprendizado?

B/NAS SUAS VIAGENS

Viagens propiciam movimentos fundamentais em nossas vidas. Como a capacidade de nos colocarmos nos sapatos de outras comunidades, que nos revelam identidades e culturas por meio de suas cidades, invertendo o binóculo de nosso umbigo ao posicionar-nos a distância de nossos próprios conflitos pessoais.

O ex-vocalista da banda Talking Heads, David Byrne, costuma levar sua bicicleta para todas as cidades onde faz shows. Ian Fleming, que conhecemos como o criador do personagem 007, escreveu nos anos 1960 uma série de artigos para o *The Sunday Times* a respeito de suas viagens a quatorze cidades. Tais experiências compõem o livro *Cidades Fascinantes*, onde o autor confessa, desatando-se das amarras do politicamente correto, seu interesse pela aventura: abandonar as ruas largas e bem-iluminadas para aventurar-se nas vielas à procura da pulsação oculta, autêntica das cidades.

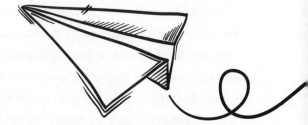

J.R. Duran, em seu livro *Cadernos de Viagem*, atribui grande parte dos insights obtidos ao quarto de hotel onde se hospeda. Para ele, em uma viagem, o apartamento do hotel "é um mundo à parte, situado a meio caminho entre o lugar visitado e a casa deixada para trás em outro país, outra cidade". Desse modo, o quarto passa a ser o "centro gravitacional dos dias passados em lugares desconhecidos, recolhendo as sensações que o mundo deixou em mim". E é justamente nos quartos de hotéis que o fotógrafo exercita a criatividade, retratando espaços em cadernetas Moleskine. Para ele, fotografar é captar a alma dos outros, desenhar ou pintar é tentar encontrar a própria essência.

Você não precisa ser gênio: uma viagem definitivamente o leva a ter insights. Vitrines, museus, bares, tudo fala sobre a maneira como uma região funciona, e enxergar essas estruturas de fora, quer se correlacionem ou não, dota o viajante de uma capacidade de compreensão panorâmica. É como se elas dissessem: é assim que somos, trabalhamos ou nos divertimos. Se você se dá conta disso, também tem capacidade para fazer algo que não costuma: procurar entender melhor aqueles que estão bem perto. Pensar inovação por inspiração externa e conectá-la a soluções incrementais que podem melhorar o seu próprio entorno.

Quando viajamos, somos capazes de escapar da "tirania da razão". Colocamos nosso cérebro para descansar. Desligamos nossa mente dos whatsapps de padaria e abrimos espaço para mensagens criptografadas de nosso próprio inconsciente – matéria-prima da imaginação produtiva quando misturada a curiosidade, intuição e trabalho duro. Ao viajarmos, acessamos uma espécie de dimensão paralela: um estado de espírito que aguarda em *stand-by* até que, na próxima viagem, voltemos a nos conectar com ele.

E então embarcamos em voo de ida, paixão sem conversão, caminho sem volta.

NAS VIAGENS É ONDE EU REALMENTE APRENDO DE NOVO.

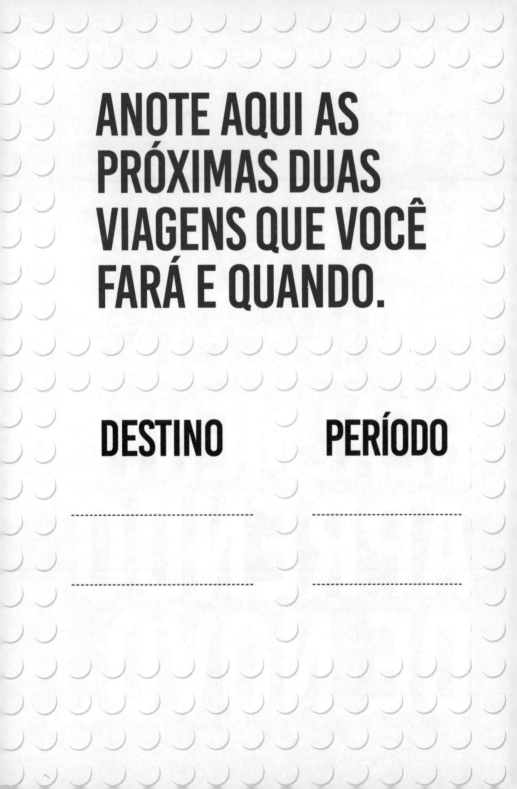

Já viajei para alguns países, talvez uns vinte. E já viajei mais de uma vez para os mesmos países, principalmente Israel, Estados Unidos e Reino Unido, onde vivi no ano de 1996.

Mais do que o ano em que vivi em Londres, minha primeira viagem a Israel foi o que fez a grande diferença em minha vida.

Eu tinha um cargo diretivo na Federação Israelita do Estado do Rio Grande do Sul (FIRS) e fui convidado pelo Ministério das Relações Exteriores do Governo de Israel para participar de um programa de liderança de um mês. Éramos uns 30 jovens de diversos lugares do mundo (Brasil, Canadá, Estados Unidos, Austrália, Uzbequistão, Hungria, Reino Unido, Panamá, entre outros) e passamos todo o mês viajando por Israel, recebendo conferências de jornalistas, políticos, cientistas. Visitamos universidades, centros de inovação, o Knesset (Parlamento), e ao final apresentamos um trabalho sobre os problemas da comunidade judaica em cada um de nossos países de origem.

Nessa viagem, tomei o primeiro contato com o ecossistema israelense de inovação, que é formado por uma combinação de quatro atores: as instituições de pesquisa, as empresas, o capital de risco e o exército.

As academias trazem consigo a figura dos TTOs: os technology transfer organizations, que são atores com responsabilidade de construir a inovação acadêmica para fora do mundo das publicações e ligá-las concretamente ao mercado.

As empresas desenvolvem as inovações com foco 100% em tecnologia, destacando-se os setores de agropecuária, cyber securities, saúde e fintechs.

O capital de risco procura ter visão para investir em iniciativas que muitos deixariam de lado e insistem que os dois fatores funda-

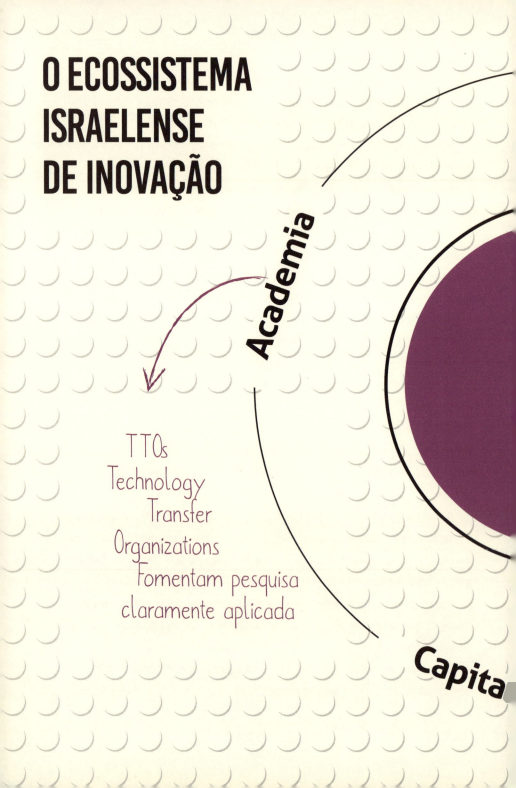

mentais para o sucesso de uma ideia são: uma experiência ao cliente fora da curva e um time inigualável para implementá-la.

E o exército proporciona uma ligação intensa entre os atores, formando jovens com autonomia e responsabilidade, sendo fonte para que empresas busquem ativos em pessoas que viveram problemas de sobrevivência na prática.

Israel se tornou um grande exportador de tecnologia, já que seu mercado interno tem uma demanda restrita para a tecnologia desenvolvida no país. Os principais destinos são Estados Unidos e China.

Esse fato se reflete em uma curiosidade. A maioria dos jovens de Israel, depois que serve no exército e funda uma empresa, decide ir para o Vale do Silício, na Califórnia, com o pensamento: lá, sou apenas mais um e não tenho a responsabilidade de fazer um "país dar certo". Então ele permanece por um tempo, empreende e depois começa a refletir: mas aqui eu não sou fundamental e em Israel eu sou. Com isso, retorna a Israel.

Outra curiosidade é que, na maioria dos países, quando uma guerra começa, as pessoas procuram maneiras rápidas de deixar aquele lugar. Quando um conflito acontece em Israel, os israelenses que moram nos Estados Unidos fazem fila e dormem no chão do aeroporto até conseguir um voo de volta ao país.

Também já estive muitas vezes nos Estados Unidos e recentemente me chamou atenção o que enxerguei no estado da Flórida.

Costumamos nos perguntar por que algumas regiões são mais inovadoras e ricas que outras. Chama a atenção, no final das contas, como o sucesso de todas as geografias se deve em grande medida a como tratam a questão da diversidade.

Trata-se de tema que toca diretamente o desenvolvimento e sobre o qual nós brasileiros ainda temos bastante a aprender. Recebemos as minorias? Respeitamos suas culturas? Aprendemos com as

diferenças? Fiz essas reflexões neste ano em Miami que, assim como Chicago, Seattle, São Francisco ou Nova York, está se tornando um dos centros urbanos mais avançados dos Estados Unidos.

Em Miami, negros, judeus, hispânicos, deficientes, italianos, LGBTs e americanos convivem harmoniosamente. Estão tanto atrás das cozinhas quanto nas mesas de restaurantes. Caminham de quipá na cabeça, fazem compras de skate e dirigem carros enormes sem disputar centímetros no trânsito. Fazem onze tatuagens no corpo e ninguém está passando régua na métrica de adequação.

No sul da Flórida, a minoria vive a vida da maioria. O varejo e os supermercados expõem ilhas de roupas com o símbolo do orgulho LGBT. As sinagogas funcionam sem grades e símbolos judaicos e cristãos compartilham espaço. Os cubanos escutam música alta. Os negros tiram selfies em espreguiçadeiras na beira da praia. As crianças brincam em praças abertas e os pais não se preocupam em colocá-las rapidamente nos carros com medo de serem assaltados.

Isso parece ser o que acontece quando a maioria se dispõe a calçar os sapatos das minorias: oportunidades dadas pela própria iniciativa privada, gerando satisfação e cuidado urbano, explosão cultural e riqueza coletiva.

Talvez devêssemos nos apropriar do exemplo de lugares para onde costumamos ir passear, trabalhar ou mesmo morar e, em vez de apenas reclamar de que tudo é pior onde vivemos, propor pequenas ações, projetos empresariais ou de experiência de marca que nos aproximem de um modelo de convivência mais útil a nosso desenvolvimento e felicidade.

O CONTO DA NORDTSROM, UMA CURIOSIDADE AMERICANA

MUITOS CONHECEM A HISTÓRIA QUE, DENTRE DESVIOS NARRATIVOS, CONTA QUE NUMA DAS PRIMEIRAS LOJAS DA NORDSTROM, EM WASHINGTON, ENTROU UM CONSUMIDOR COM QUATRO PNEUS NAS MÃOS, QUERENDO DEVOLVÊ-LOS. QUANDO O VENDEDOR SE PREPARAVA PARA DIZER QUE A NORDSTROM NÃO VENDIA PNEUS (POSSIVELMENTE O CLIENTE COMPRARA DE UMA ANTIGA LOJA DE PNEUS QUE FICAVA NO MESMO LOCAL), O DONO DA LOJA O INTERROMPEU, EXAMINOU A NOTA FISCAL E DEVOLVEU O DINHEIRO AO CLIENTE. DEPOIS, DISSE AO VENDEDOR QUE NÃO QUERIA QUE NENHUMA PESSOA QUE ENTRASSE NA LOJA FOSSE EMBORA DALI INSATISFEITA. E ASSIM SE CRIOU UM PROPÓSITO DE MARCA E UMA CULTURA DE ATENDIMENTO AO CLIENTE. SUPOMOS QUE UMA EXPERIÊNCIA DE COMPRA IDEAL NÃO PODE SE DAR AO CUSTO DE PREJUÍZO EXCESSIVO PARA A MARCA, QUEBRA DE PROCESSO (COMO DAR BAIXA EM UMA PEÇA QUE NÃO ESTÁ EM ESTOQUE?) OU INCAPACIDADE DE ESCALAR PARA TODO O NEGÓCIO. MAS EM TEMPOS DE MIGRAÇÃO DO PDV PARA O VIRTUAL, ÀS VEZES PARECE QUE AINDA FALTA AO VAREJO FÍSICO A COMPREENSÃO DE QUE É JUSTAMENTE NO ESPÍRITO DE ATITUDES ISOLADAS COMO ESSA QUE PODERÁ ESTAR O FUTURO DE UMA EXPERIÊNCIA MAIS PESSOAL E PRÓXIMA.

C/NAS VIAGENS QUE VOCÊ AINDA NÃO FEZ

Já experimentou entrar no Google Street View e passear com calma dentro de uma cidade que você não conhece? Já experimentou ler sobre um lugar que tira você da zona de conforto?

Tenho estudado bastante sobre a China e me chamou atenção recentemente o sistema de crédito social que o país vem implementando. Trata-se de realidade, embora pareça uma série da Netflix: com o sistema anunciado em 2014, a China pretende, até 2020, ranquear seus cidadãos por bom comportamento.

O sistema bebe da lógica dos indicadores de confiança financeira para conferir punições ou recompensas baseado no que fazemos de "certo" ou "errado". Desse modo, se vivêssemos na China e viajássemos sem um bilhete válido, seríamos banidos de pegar futuros trens. Se publicássemos fake news, seríamos proibidos de acessar a internet. Se passeássemos com nosso cão sem coleira, teríamos ele confiscado.

Se, por outro lado, postássemos "conteúdo adequado", seríamos bem recomendados pelos sites de namoro mais populares e, se parássemos mais vezes na faixa de segurança, teríamos melhores taxas de juros nos bancos e até mesmo desconto na conta de luz. Vídeos recomendando andar na linha já são veiculados em voos regionais e, embora mantida em segredo, a metodologia de averiguação não traz nada de novo: já somos, o tempo todo, "observados" pelos canais onde navegamos e, para um governo que controla a informação, fica fácil pinçar os exemplos.

SE DECRETAMOS COMO BIZARRO O SISTEMA, QUE TAL PRIMEIRO DESAPRENDERMOS E DEPOIS APRENDERMOS DE NOVO?

Se decretamos como bizarro o sistema, não podemos deixar de notar que ele tem sido reputado como benéfico pelos cidadãos: dentro de uma lógica gamificada de realidade, os chineses passam a viver como se acumulassem pontos em um programa nacional de milhagem, e com isso diminuem agressões, atropelamentos, corrupção. Trata-se, no entanto, de uma medida que a médio prazo pode significar o começo do fim da inovação, justamente em um país que está se tornando referência nisso. E sabem por quê?

Porque se a China desafia a lógica de que não existe crescimento sem liberdade individual, ela será reprovada no teste de querer inovação eliminando sua base: um certo "astral" de contravenção, de quebrar regras. Assim como a política de filho único criou dezenas de milhões de pessoas sem irmãos, o sistema de "crédito social", no longo prazo, necessariamente, terá que ser revisto. De resto, querer que um país melhore por meio da punição tem a mesma raiz de educar os filhos pelo castigo: criamos uma geração inteira com medo de parar de copiar.

UM OUTRO CASO MUITO INTERESSANTE NA CHINA

Esse é um exemplo de como as marcas podem atuar positivamente em questões de saúde pública. Pintada em paralelo às escadas do Bairui Plaza Shopping, em Hong Kong, uma faixa no chão diz: "Não olhe para baixo pelo resto de sua vida". É direcionada às pessoas que caminham olhando para seus telefones celulares, e traz uma mensagem sutil de que aquela pode ser a última caminhada do resto de uma vida.

VOCÊ IMAGINA QUANTOS PEDESTRES MORREM POR ANO NA CHINA, SEGUNDO A ORGANIZAÇÃO MUNDIAL DE SAÚDE, DEVIDO A ACIDENTES POR DESVIO DE ATENÇÃO?

( ) 700
( ) 7.000
( ) 70.000

A Organização Mundial de Saúde estima que quase 70 mil pedestres morrem por ano na China, principalmente devido a acidentes por desvio de atenção. Quase um terço do número de mortes em acidentes de carro naquele país, muitas delas pelo mesmo motivo.

D) NOS CHALÉS DO NOVO CAPITALISMO

Alex Bogusky, um dos maiores expoentes da propaganda americana, criou, em 2010, a iniciativa The Fearless Cottage. Frustrado com o que considerava ser a fratura de alicerces do capitalismo, escapou para a cidade de Boulder, Colorado, afastando-se por 8 anos da atividade que exercia em agência – até retomá-la em agosto de 2018.

The Fearless Cottage, o "chalé destemido", abriga uma marca colaborativa denominada Common, plataforma de conteúdo e de produtos sustentáveis (tal como a bicicleta de bambu) cocriados entre empresários e consumidores e com parte da receita revertida como forma de, ao mesmo tempo, melhorar a preservação de recursos e atuar contra o fato de que muito pouco do valor financeiro das marcas – inclusive marcas "progressivas" como Google e Disney –, se traduz em reais benefícios à sociedade.

Se lermos os parágrafos acima enquadrando a iniciativa como "crise de socialismo", não apenas nos enganaremos, mas cometeremos, em efeito cascata, o mesmo equívoco de muitas grandes empresas e, por consequência, de grandes economias: fugir da verdade como os sedentários fogem dos tênis de corrida, porque mais fácil do que aceitar críticas é estereotipar opiniões contrárias – em que pese com isso estagnarmos não apenas no aprendizado e no crescimento, mas na própria chance de sobrevivência de um sistema que precisa se renovar.

É possível às grandes marcas descolar o propósito do balcão do discurso, embora tal movimento não seja nem fácil, nem rápido, nem barato – e por isso nem um pouco popular. Mas já vemos bons exemplos de propósito aplicado: em recente entrevista ao editor-chefe da revista Wired, o CEO da LinkedIn, Jeff Weiner, argumenta que a razão da existência da rede é dar oportunidades reais de conexão às 3 bilhões de pessoas que compõem a força global de trabalho.

Separando medidas superficiais como salas de inovação coloridas ou políticas de diversidade na contratação de pessoas (que, dentro dessas salas, ainda precisam "dar explicações"), o que passamos felizmente a perceber são grandes empresas movendo-se do estado da inação para o estágio da pergunta: "Como posso me engajar com profundidade nessa conversa positiva?". O que, por si só, significa muito.

E/NO SEU WAZE DE CABECEIRA

E se tivéssemos um Waze que, imaginem, nos informasse o melhor trajeto para obter sucesso? Que, além do caminho, nos sugerisse também o que fazer quando abríssemos a porta de nosso escritório? Digitaríamos (caso soubéssemos) o que pretendemos alcançar em nossas vidas, e ele nos orientaria, rua a rua, por onde rodar para "chegarmos lá".

Temos, em diferentes níveis, a busca incessante por esse aplicativo mágico. Delegamos a mentores, consultamos manuais, nos socorremos das redes como forma de pinçar parâmetros. Percorremos a trilha do conhecido, de onde dificilmente surgirá a inovação: as redes nos mostram o que pessoas que mal conhecemos gostariam que víssemos; e autores, por melhor que escrevam, não nos conhecem tanto quanto nós mesmos.

Nos escutamos muito pouco. Raramente olhamos para dentro. E com isso deixamos escorrer nossa capacidade de intuição: nosso Waze de cabeceira, de cujos algoritmos a inteligência artificial permanece correndo atrás. Trata-se de uma conexão singular, que funciona até mesmo off-line: num banho de mar, à luz de abajur, em viagens, durante aquilo, nas situações felizes, nas situações nem tanto.

No livro *Educating Intuition*, o pesquisador indiano Robin Hogarth ensina que intuição é o resultado de nossa capacidade de visualizar um problema, conectar sentimentos, considerar alternativas e testar percepções. Um processo inconsciente e automático onde a lógica não suprime a emoção – e oposto ao preconceito, que é decretar sem experienciar. Existe um pensamento dentro da Disney que diz que, se você acha que sua lógica o está afastando de uma boa ideia, primeiro deve questionar a lógica, e apenas depois a ideia.

Nada errado em pedir ajuda, mas em um mundo onde poucas escolhas não são, na essência, feitas por nós mesmos, surpreende que percamos tempo imaginando comprar conselhos e depois vender culpados por aquilo que não deu certo, quando poderíamos estar investindo em nossa própria capacidade intuitiva de criar baseados no que nossa voz interior nos sussurra. Parar, pensar, testar, fazer: existe uma certa magia quando a gente simplesmente tenta.

F/NO SEU PASSADO

A música "Let's Misbehave", de Cole Porter, além de inspiração para filmes de Woody Allen, nos brinda também com versos provocadores: "Quer construir um futuro, querida? Por que não arranja primeiro um passado?".

Nos esquecemos, muitas vezes, que aprender de novo trata menos de adivinharmos um futuro distante do que de sua conexão reversa com o presente e, paradoxalmente, o passado. Ainda que haja temporais, começaremos a definir o produto da colheita com base em decisões tomadas no plantio, e nossos projetos bem poderiam ser como um Waze: ajustamos o trajeto ao destino com base nas nuances do caminho a percorrer.

Temos, para o bem ou para o mal, a tendência a exagerar nosso passado: supervalorizamos, em nossas empresas e casas, decisões acertadas e também enganos que mesmo os "gênios" cometem. Antecipamos resultados e perdemos com isso a chance de ativar o magnetismo intuição-experiência. É comum, nas falas das pessoas que "chegaram lá", a classificação de seus erros como etapas de um itinerário natural: não tivessem cometido tais erros, não teriam recorrido ao que chamamos de "desvios do sucesso".

Costumamos, pior que isso, tratar a passagem do tempo como armadilha: nos valemos de clichês como "a vida é curta" e decretamos que ficou tarde para começar projetos. Vasculhamos biografias ilusórias e imaginamos passados que deveríamos ter tido. Sintonizamos o indexador das redes e fabricamos medidas do que devíamos estar fazendo. Ligamos o cronômetro do espelho e deixamos de comemorar aniversários com amigos. Ignoramos que Momofuku Ando inventou o macarrão instantâneo depois dos setenta anos de idade, e delegamos nossa esperança a terceiros ao pensar que estudar inglês ou piano deveriam ter sido decisões tomadas por nossos pais para nós mesmos muito tempo atrás.

E por que tratamos nosso passado como condenação, quando ele bem poderia ser propulsão para decisões que podemos nos permitir tomar exatamente agora? Será que o fato de não conseguirmos nos impulsionar neste passado não mostra justamente nossa dificuldade de, em vez de desenhar a partir dele, não conseguir deixar de voltar sempre a ele?

G/NÃO APENAS EM LIVROS TÉCNICOS

Somos, desde cedo, ensinados a procurar respostas dentro das próprias especialidades. No campo dos negócios, o senso comum nos sugere que leiamos "tecnicamente", com a promessa de que nos tornaremos mais embasados ou mesmo atualizados. Há, contudo, um risco nessa abordagem: o de nos tornarmos meros reprodutores de opiniões generalizadas e, ainda que inovadoras, até certo ponto carregadas com os vícios inerentes ao círculo das próprias áreas.

Talvez por tendência natural, já há algum tempo tenho dificuldade de ler livros técnicos. Compro e inicio diversos livros mas, no meio deles, penso que gostaria de estar lendo literatura de ficção. Desse modo, concentro minha busca de opiniões técnicas muito mais em podcasts, canais como TED Talks, conteúdos em YouTube – porém, antes de dormir, miro o abajur em páginas aparentemente alternativas.

Aparentemente. Justamente pelo que elas fazem comigo: aprendo sobre estratégia lendo Hemingway e Philip Roth. Sobre dinâmica, lendo Dostoiévski. Sobre futurismo, lendo Dave Eggers (e George Orwell, e Michel Houellebecq, e Kafka). Sobre concorrência, lendo Shakespeare. Aprendo sobre dinâmica de política com Gore Vidal, comportamento do consumidor japonês com Haruki Murakami (e do consumidor alemão com Thomas Mann), sobre o fracasso do socialismo (e do fanatismo) com Amós Oz.

Sobre setores também: conheço o mercado de pesca lendo Melville, o mercado de advocacia lendo Louis Begley, o mercado de bebidas lendo Saul Bellow, o mercado de futebol lendo Nick Hornby, o de jogos de azar lendo Ian Fleming, o de música lendo Nelson Motta. Aprendendo sobre o ser humano na essência, na verossimilhança, não apenas naquilo que faz, mas no que seria perfeitamente capaz de fazer.

A arte nos proporciona conexões ao nos transportar para realidades alternativas. E com isso estimular nossa criatividade e nos permitir aceitar outros pontos de vista. Consumir arte é aprender a interpretar em vez de julgar. Entender em vez de decretar. Não estou dizendo "não leia os autores técnicos". Estou sugerindo "leia outros também".

H/ NÃO APENAS NO GOOGLE

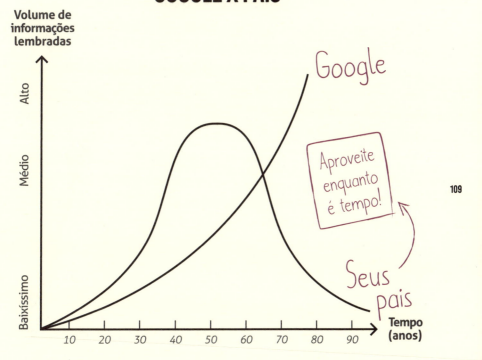

CURVA DE ARMAZENAMENTO GOOGLE X PAIS

Na rua soprava um vento gelado, a chuva salpicando a janela. Dentro tocava "Desafinado" numa estação canadense de jazz que eu escuto nas manhãs de domingo. Eu ia e voltava da cozinha à sala com fatias de melão, leite e suco do café da manhã, e percebia que já era a segunda canção do Tom que aquele quarteto executava.

Então começaram a tocar "É Luxo Só" – as boas rádios da web adoram tocar repetidamente interpretações da nossa música –, e de repente me surgiu a dúvida: quem mesmo a tinha composto? Vou ligar e perguntar para o pai, pensei, meu pai que tanto conhece música, que me passou pela herança do ouvido e pelas fitas cassete na estrada o gosto pelos standards do jazz e da bossa. Mas por que me dar o trabalho, me perguntei, se o Google informaria numa consulta instantânea?

Porque o Google não atenderia o telefone com o amor aconchegante de um pai no inverno. Não perguntaria como foi minha semana, não me contaria que estava vestindo o chambre que eu dera de presente no Dia dos Pais. Nem tampouco iria cantarolar com voz afinada e tímida os versos de "essa mulata quando dança..." antes de me dizer que a música era de Dorival Caymmi.

Yvon Chouinard diz que não quer o seu dinheiro. E ensina às pessoas que "a gente não joga as coisas fora, a gente as reforma". Ele mesmo veste bermudas e jaquetas de mais de 15 anos de idade. E isso se tornou um propósito: a Patagonia se compromete a ser para sempre dona do produto que vende a você: se você engordar ou cansar da cor da jaqueta, a Patagonia ajuda você a vender. Se a jaqueta estragar, a Patagonia arruma. Se a jaqueta ficou mesmo muito velha, você devolve e a Patagonia recicla em tecido novo. Isso faz com que a empresa use tecido reciclável e fechos que podem ser substituídos, o que nem todos fazem. E o propósito de não "tirar o seu dinheiro", paradoxalmente, faz ela faturar cada vez mais, com vendas de 750 milhões de dólares anuais.

O mesmo vale para nossos mercados: uma coisa é tentar entender nossos clientes apenas pelos algoritmos do que eles dizem fazer pelas redes. Outra, é observá-los e conversar com eles no metrô, na esquina ou mesmo dentro de nossas lojas – onde ao contrário de apenas dizer, eles mostram de fato quem são, o que querem e como estão buscando.

O Google jamais me diria o que fazer quando a Déia ficou doente. O Google jamais me sugeriria o que dizer ao dono da loja de skate quando eu queria um patrocínio.

O Google ensina como colocar tefilin, mas sem a gravidade segura do rabino. Ele mostra como funciona o sistema digestório, mas sem a calma estudada do médico. Ele responde quem foi Cole Porter, mas sem as imagens inesquecíveis do compositor. Da receita ele informa a medida exata, mas sem o truque carinhoso da mãe. Tudo indica que ele ainda permanecerá muito tempo por aqui, talvez por mais tempo do que aqueles que amamos.

Depois, confesso que até fui conferir no Google e vi que a canção na verdade era de Ary Barroso. Mas quem se importa?

1/COM YVON CHOUINARD

Yvon Chouinard, fundador da marca Patagonia, costuma dizer: "Quer entender empreendedorismo? Vá estudar delinquência juvenil". Segundo ele, esses jovens simplesmente dizem: "Isso não presta, farei do meu jeito". Quando tinha dezesseis anos, Richard Branson passou uma noite na cadeia por tentar evitar imposto fingindo estar exportando discos que ele na verdade vendia na Oxford Street, em Londres.

FAÇA UM EXPERIMENTO

ESCOLHA UM DIA DESTA SEMANA E TENTE OBTER INFORMAÇÕES SEM PERGUNTAR PARA O GOOGLE. DEPOIS ANOTE AQUI COMO VOCÊ SE SENTIU:

Steve Madden permaneceu um ano preso e tocou, de dentro da cadeia, uma marca que acreditava que você não precisa pagar dois mil dólares para vestir um sapato elegante.

Não estou sugerindo que você seja preso, e sim que considere um novo estado de espírito. E aproveite para rever os critérios de contratação de pessoas, não tendo medo de dar chance a quem não se adapta ao *mainstream*.

A zona de desconforto é amiga das rupturas. A Patagonia, marca de equipamentos e roupas para escalada, tem desde seu surgimento a política *go surfing*: permitir que os funcionários parem o que estão fazendo para ir surfar. Um surfista sério, diz o fundador Yvon Chouinard, não planeja ir surfar terça-feira que vem às quatorze horas. Ele vai quando o mar e o vento estiverem chamando. Desde que o trabalho seja concluído sem atrapalhar a vida dos demais, as horas podiam ser flexíveis – numa época em que sequer se falava disso. Quando fala sobre autonomia, o fundador da Patagonia diz que, se tem uma ideia, não pensa sobre ela. Começa a executá-la e, se a execução o levar a uma fase seguinte, prossegue. E assim sucessivamente, sempre desaprendendo e aprendendo de novo.

QUAL DESSES CANDIDATOS VOCÊ ESCOLHERIA PARA SUA EMPRESA?

CANDIDATO A

- FORMADO EM HARVARD
- FILHO DE UM EMPRESÁRIO CONHECIDO
- ATLETA AMADOR
- HÁBIL EM RELACIONAMENTOS

CANDIDATO B

- SEM DIPLOMA
- DADO PARA ADOÇÃO
- DISLÉXICO
- PÉSSIMO EM RELACIONAMENTOS

Se você escolheu o candidato A, possivelmente contratou um bom executivo.

Se escolheu o candidato B, contratou Steve Jobs.

2.3 COMO APRENDER DE NOVO?

QUER APRENDER DE NOVO?
PERGUNTE-SE COMO.

A/CORRENDO MAIS RISCOS

Sabe aquela sensação que você teve quando tirou as rodinhas da bicicleta, subiu pela primeira vez em um skate ou conseguiu conversar num idioma estrangeiro? Se não lembra, não é porque está lhe faltando memória. Pode estar faltando a lembrança daquilo que a gente simplesmente sente por desbravar o desconhecido, com o corpo ou com a mente, e que pode ser alimento de um hábito: o exercício da conexão com o risco (que você pode não estar fazendo).

VOCÊ TEM SE CONECTADO COM O RISCO?
LISTE DUAS COISAS ARRISCADAS QUE VOCÊ
FARÁ NESTE MÊS:

1) _____

2) _____

Nos enganamos, muitas vezes, ao confundir inovação com rupturas profundas: pensamos no Facebook, na Virgin Galactic ou em Steve Jobs e nos esquecemos que inovação não é apenas mudar o mundo, e sim trazer algo novo para determinada situação ou problema: a melhoria pelo incremento orgânico, o insight da criação não destrutiva – fico pensando em como pequenas mudanças poderiam ter mantido alguns casamentos em pé.

LEMBRA DO COMEÇO DO LIVRO, "DESAPRENDER É INCREMENTAL"?

A Sears poderia ter inventado a Amazon se tivesse desaprendido continuamente.

Qualquer empresa de Rádio Táxi poderia ter inventado o Uber se tivesse desaprendido continuamente.

Meus pais poderiam ter continuado casados se tivessem desaprendido continuamente.

A (sua empresa) poderia ter inventado a (empresa que vai reinventar seu setor) se tivesse desaprendido continuamente.

Para sermos exponenciais, precisamos construir primeiro a base. Existem novas maneiras de resolver problemas antigos, mas também maneiras antigas de resolver problemas novos. E conviver com o risco – permitindo-se cair de vez em quando – nos presenteia, no mínimo, com a habilidade da resiliência. De não desistir na primeira tentativa. Einstein costumava dizer que alcançava soluções mais inovadoras não porque era mais inteligente, e sim porque passava mais tempo em cima dos mesmos problemas.

O Viagra foi uma solução nova para um problema antigo.

Desligar o celular é uma solução antiga para um problema novo.

Preste atenção se você não está oferecendo uma solução muito antiga para problemas antigos: alguém pode estar repensando o seu negócio.

SOLUÇÃO

PROBLEMA

Nova — Antiga

Novo

Antigo

Se temos medo de aprender, temos medo de viver. Se não nos arriscamos a experimentar comidas diferentes, contratar fornecedores diferentes ou simplesmente pedir desculpas, incorreremos no erro clássico de pensar que poderemos alcançar novos resultados continuando a fazer, continuamente, a mesma coisa. Deveríamos pensar um pouco nisso antes de começar a listar nossas resoluções a cada final de ano.

Nossas empresas não serão mais inovadoras se nós mesmos não começarmos a questionar as ortodoxias, fomentar os *outliers* e parar de pedir aprovação para tudo. Nossos empreendimentos só darão certo quando forem resoluções realmente de dentro, e isso é apenas o começo. Nossas vontades poderiam ser como sementes e nossa filosofia não deveria ser a de buscar reduzir os riscos, e sim a de aumentar nossas chances de sucesso.

B/SENDO ÁGUA

Em *The Lost Interview*, vídeo da única entrevista – supostamente – concedida por Bruce Lee em inglês, dada como desaparecida entre 1971 e 1994 e que atingiu milhões de visualizações no YouTube, o lutador ensina o que pode ser entendido como um movimento fundamental para qualquer empresa que deseje prosperar nestes tempos líquidos: "Seja água, meu amigo".

Reproduzindo, na entrevista, um discurso de seu personagem Li Tsung – um traficante de antiguidades que dá aula de artes marciais a um competidor cego que enfrentaria um adversário bem mais potente do que ele –, Bruce Lee sugere que devemos esvaziar nossa mente. Não termos formatos e nem contornos definidos. Como a água:

se você colocar água em um copo, diz ele, ela se torna o copo. Se colocar água em uma garrafa, ela se torna a garrafa. Se colocar água em uma chaleira, ela se torna a chaleira.

Enfrentamos, todos os dias, adversidades que podem nos afogar. Especialmente se nos permitirmos correr riscos e investir na frente em um cenário econômico onde nossas incertezas terminam por valer mais que a própria certeza dos agentes. No brilhante livro *A sutil arte de ligar o foda-se*, Mark Manson sugere que, além de frequentes, as derrotas também podem ser bem-vindas – se soubermos como reconectar a partir de um novo ponto de aprendizado ao assumirmos 100% da responsabilidade. Nesse sentido, o discurso de Bruce Lee também é um ensinamento sobre derrotas inevitáveis.

A água, segundo Bruce Lee, pode fluir e também destruir: somos capazes de ir com a maré quando isso é interessante, mas de ser agressivos quando necessário. Segundo ele, fluir com a água é saber navegar a corrente e surfar as ondas da transformação incremental sem nos preocuparmos, por exemplo, com o desaparecimento repentino de nosso negócio. Enquanto que destruir com água invoca a agressividade da autoexpressão: deixar que a água se molde de forma singular em nossas empresas de modo que possamos descolar o propósito do balcão do discurso e colá-lo com consistência na magia de nosso pitch.

C/ESQUECENDO OS DITADOS

Lembra daquele dia em que alguém, empinando o nariz da razão, lhe convenceu, do alto da citação de um ditado, que aquela sua ideia não era boa? Somos, desde muito cedo, orientados por pensamentos prontos: frases que se vestem da poeira do tempo e que nos seguram com freios gastos, mas que não nos atrevemos a questionar.

Aprender de novo é vestir outras roupas, customizáveis a quem pensa por conta própria: inteligência é o que a gente faz justamente quando não tem ideia do que fazer. Ou você pensa que eu sabia o que fazer quando:

a) Deixei meus filhos recém-nascidos em casa?

b) Minha mãe chegou a seus últimos dias?

c) Fui demitido?

d) Cheguei em Londres para viver um ano?

e) Cheguei em Israel para ser treinado pelo Governo?

f) Meus pais contaram que iriam se separar?

g) Me vi frente a frente com o dono da loja de skate?

Vivemos num mundo volátil, em que os ditados são os primeiros a derreter: Cada macaco no seu galho? Hoje a gente cocria até mesmo com concorrentes. Faça o que eu digo, não faça o que eu faço? Apenas se estancarmos nas extremidades do teórico que não pratica ou do prático que não sabe ensinar. O ótimo é inimigo do bom? Não quando pretendemos operar em alta performance.

Em briga de marido e mulher não se mete a colher, mas você vai ficar quieto esperando que um irmão se dê mal? Casa de ferreiro, espeto de pau, mas deixaremos que qualquer um menos nós mesmos se beneficie de uma habilidade que é principalmente nossa? O fruto não cai longe da árvore, mas condenaremos nossa chance de inovar ao iceberg da ortodoxia genética, que tem mais desculpas do que explicações?

Não pensar parece mais fácil, mas se trata de armadilha que não precisamos armar: especialmente quando isso envolve treinar nossas equipes ou educar nossos filhos. Ser original é não pedir licença, é experimentar sem combinar com os russos. É mexer sim em time que está ganhando, assumir riscos, não sucumbir à maçã da aprovação: um dia nos daremos conta de que as curtidas do resto do mundo podem nos dizer apenas que estamos andando sobre a esteira rolante do conhecimento comum, e não sendo singulares a ponto de nos curtirmos, nós mesmos, de verdade.

E por que corremos em busca do sentimento pronto, quando o verdadeiro esporte consiste em fazer como David Bowie, que criava sempre novas curvas para, em seguida, transitar fora delas? Água mole em pedra dura tanto bate que, se o importante fosse competir, os inovadores não criariam oceanos tão longe dos concorrentes, tão plenos de ondas, tão azuis.

ANOTE, NA COLUNA DA ESQUERDA, DOIS DITADOS. NA COLUNA DA DIREITA, TENTE DESCONSTRUÍ-LOS.

DITADO   **POR QUE NÃO FUNCIONA**

----------------------   ----------------------

----------------------   ----------------------

Esqueça os ditados.

D/ABRAÇANDO O EXTRAORDINÁRIO

Este filme tem uma trilha sonora impecável, com Sonic Youth, David Bowie, New Order, The Smiths, Air Supply, Cocteau Twins...

O filme *Extraordinário* conta a história de Auggie Pullman: um garoto que nasceu com deformidade facial (submeteu-se a 27 cirurgias plásticas) e se prepara, aos 10 anos, para frequentar a escola regular pela primeira vez. Stephen Chbosky (mesmo diretor de *As vantagens de ser invisível*) retrata no filme não apenas a dificuldade de convivermos com o diferente, mas também nossa projeção, para o bem ou para o mal, sobre ele.

A inovação também é o diferente e nosso sucesso depende da maneira como aprendemos com o novo. Tendemos a transitar nos extremos, mas dificilmente a agir de modo natural com aquilo que nos tira da zona de conforto. Criamos, em nossas empresas e casas, mecanismos para endireitar os "fora da curva", ignorando o que o filme também mostra: ganha quem se aproxima e perde quem se afasta ou tenta agredir aquele que é diferente.

Se subirmos alguns degraus, ganharemos visão panorâmica para notar que existem grupos inteiros de pessoas consideradas "diferentes". É um mundo armado de preconceitos com o propósito equivocado de "curar o que está disforme". Não é de hoje que regimes são erguidos sobre o isopor de supostos inimigos, em cima dos quais projetamos nossa brutal mediocridade e nossa infelicidade por não termos coragem de simplesmente investir numa escolha que cresce de dentro ou assumir uma condição.

Quando a mãe de um dos colegas de Auggie confessa ter sido a responsável por removê-lo, com Photoshop, da foto oficial da turma – não queria que amigos da família o vissem –, ela meramente reproduz, ou pior, veste o filho com a armadura de um dos gritos mais tristes do mundo: Volte para o lugar de onde veio! Como se, em exemplo alusivo, a indústria fonográfica pudesse mandar os dois Steves de volta àquela garagem em Los Altos, Califórnia.

VOCÊ CONVIVE COM PESSOAS DIFERENTES?

Cursei todo o meu ensino fundamental em uma escola pública, e meus amigos eram desde o filho do presidente de um clube e o filho de um piloto da antiga Varig até a filha do zelador de um prédio próximo e o filho de um gari da companhia de limpeza urbana. Durante oito anos, tive uma visão ímpar e aprendi vários conceitos de novo.

Mesmo a estatística e a história nos mostrando que os locais mais inovadores do mundo são justamente aqueles que cocriam com o caldeirão cultural das minorias – os que abraçaram a criatividade de povos expulsos de países e continentes –, insistimos em pensar que criar nossa felicidade tem qualquer relação com provocar infelicidade no outro. Quando o contrário, felizmente, é bem mais lógico.

ABRACE O

EXTRA ORDI NÁRIO

E/FAZENDO VOCÊ MESMO

Em um mundo cada vez mais virtual e menos concreto, existe uma certa beleza em fazer "com as próprias mãos": a sensação de fuçar, desmontar e descobrir – que as crianças tão bem exercitam – é um presente que recebemos cedo, mas que vamos deixando de lado. Há uma piada antiga que diz que, se um homem se compromete a consertar algo em casa, ele vai realmente fazê-lo: não há necessidade de lembrá-lo uma vez por ano.

Aprendemos, pela lógica de escassez, que delegar é fundamental: mais processos, mais níveis, e com isso mais afastamento do coração do que importa. A lógica da abundância inverteu a teoria das vantagens sustentáveis, mas ainda vemos empreendedores tentando se espelhar no trajeto de megacorporações – quando o contrário é cada vez mais lógico.

Cometemos, em efeito cascata, o mesmo engano em nossas casas: delegamos a avós e babás, professores e depois terapeutas, surpresos de que algo, no fim das contas, fugiu de nosso controle. Acreditamos que a personalidade que construímos nas redes nos fará mais seguros por pertencer a um mundo "que é assim", esquecendo de que, quanto mais seguros tentamos nos sentir, mais medo passamos a ter.

O FACEBOOK E A CURVA DA FELICIDADE

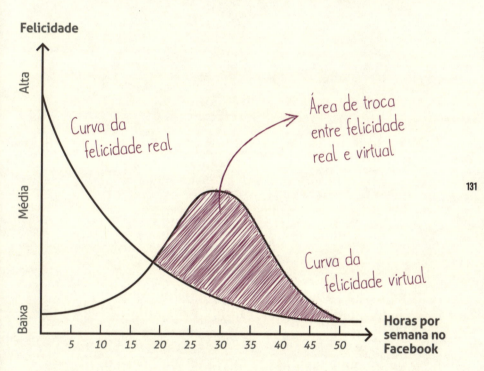

* Baseado em sondagens realizadas pela Grinberg Consulting com jovens e adultos de meia-idade, onde se inferiu o grau de satisfação comparativa com aspectos de realização pessoal a partir de uma análise do número de horas dedicadas à navegação na rede social Facebook.

- ➤ O MAIOR NÍVEL DE FELICIDADE REAL SERÁ ATINGIDO COM UM NÚMERO PRÓXIMO A 0 (ZERO) HORAS POR SEMANA NO FACEBOOK.

- ➤ PODE-SE TER UM NÍVEL DE FELICIDADE REAL MÉDIO COM UM NÚMERO AO REDOR DE 5 HORAS SEMANAIS NO FACEBOOK.

- ➤ A PARTIR DE UMA NAVEGAÇÃO ACIMA DE 15 HORAS SEMANAIS, PASSAMOS A TROCAR FELICIDADE REAL POR FELICIDADE VIRTUAL.

- ➤ A CURVA DE FELICIDADE VIRTUAL ALCANÇARÁ, NO MÁXIMO, O NÍVEL MÉDIO.

- ➤ A PARTIR DE UM NÚMERO PRÓXIMO A 30 HORAS SEMANAIS NO FACEBOOK, NEM MESMO A FELICIDADE VIRTUAL SE SUSTENTA, DADO O ELEVADO NÍVEL DE COMPARAÇÃO COM UMA PROJEÇÃO DE REALIDADE ALHEIA, E NÃO A REALIDADE EM SI.

Fazer com as próprias mãos nos dá a oportunidade de pararmos um pouco, de nos aproximarmos de quem realmente amamos e somos e de nos libertarmos de procurar a felicidade na régua de modelos que apenas pensamos existir. De termos menos rodinhas na bicicleta, caminhos prontos ou "mentores" a nos precaver daquilo que supostamente não pode ser feito.

Como prisioneiros que não sabem exercitar a liberdade, temos uma rede abundante de conteúdos gratuitos que poderiam nos tornar autodidatas no que quiséssemos para nossas vidas, mas escolhemos investir nossos preciosos minutos antes de dormir metidos em grupos virtuais que possivelmente não nos aproximarão de quem está longe na mesma medida que nos afastarão de quem está bem perto.

Não creio que tenhamos deixado de ser curiosos: apenas espero que passemos a ser curiosos com temas que nos possibilitem aprender de novo, e que de fato farão bem a nós mesmos, a nossos filhos e ao mundo.

F/SENDO MENOS ALFA E MAIS BETA

Quanto menos experimentamos, menos vivemos. E perdemos, de fato, oportunidades de aprender de novo: sobre comidas e bebidas, países e profissões, soluções e marcas. Trata-se do caminho inverso ao das pessoas que "chegaram lá": dificilmente conseguiremos nos tornar diferentes se continuarmos a cultivar e consumir sempre a mesma vida.

Queremos a todo custo ser "Alfa", teclando cada vez mais alto, desconsiderando o que desacomoda, fiscalizando quem ousou experimentar. Amós Oz costumava dizer que a principal característica de um fanático é estar mais preocupado com a vida alheia do que com a dele próprio e, nesse sentido, ainda não aprendemos que ser feliz consiste em criar nossa própria felicidade e não em provocar infelicidade no outro.

Não aceitamos ser "Beta", estarmos líquidos a novos conteúdos e, enquanto nos escondemos detrás da cortina dos megaplanos, uma vida de verdade acontece com quem arrisca sem freio de mão sabendo que a transformação é mais importante que o próprio molde: as empresas que hoje mais valem são aquelas que lembram menos o Tio Patinhas e mais o Professor Pardal ou o Gepeto.

Nada errado com as tradições, desde que possamos nos mover livremente entre a armadura do tempo e a fronteira da tendência. Sejamos curiosos: pior que deixar as águas passarem é não nos permitirmos mergulhar os pés descalços apreciando a beleza do sol refletindo no rio que corre em nossa volta.

G/SENDO IDIOTAS (DO TIPO CERTO)

Aos 35 anos, Katrina Lake, fundadora da Stitch Fix, tornou-se a mulher mais jovem a abrir capital na bolsa Nasdaq. Tendo detectado a oportunidade de "uberizar" soluções mais acessíveis de Personal Stylist, criou uma empresa que tem hoje mais de 5 mil funcionários, avaliada em 2 bilhões de dólares.

Ao perguntarem sobre a concepção e a condução da ideia, ela revelou que, mesmo tendo captado 500 mil dólares como investimento inicial (após ter escutado pelo menos 20 nãos), ela teve que suportar mais dezenas de negativas até obter o capital suficiente para de fato escalar o negócio. Ela costuma dizer que, se você está fazendo algo que ninguém mais está fazendo, ou você é a pessoa mais esperta ou a mais idiota da sala.

Somos, de fato, idiotas: mas não do tipo certo. Somos o tipo errado de idiotas: aqueles que têm medo de ser do tipo certo. Somos os idiotas que acreditam em conselhos de fábrica, ter no máximo um filho e passar o maior número de horas fora de casa, somos os que não tentam o suficiente e não o fazemos por sermos dominados pelo medo daquilo que imaginamos que os outros pensam. Esquecemos que o mundo tem memória curta e que nossos pequenos fracassos

Questione as leis que você mesmo criou para você.

não são temas de tantas conversas assim. Mas nos esquecemos, principalmente, das vantagens de ser o tipo certo de idiota.

À exceção da raridade, ninguém se torna o mais esperto sem ter sido, antes, o maior idiota da sala. Ao nos permitirmos ser o idiota, ganhamos a chance de descobrir o erro, desaprender e ir a mercado antes: antes mesmo que os hipoteticamente mais espertos da sala, os que arriscam nos ensinar com ditados da vida pessoal versus profissional, percebam que ali havia, de fato, uma oportunidade.

Durante o evento de IPO da Stitch Fix no final do ano passado, Katrina Lake permaneceu o tempo todo com seu bebê de 14 meses no colo. Jeff Bezos, CEO da Amazon, contou recentemente que passa no máximo 10% do tempo viajando a trabalho, que tem quatro filhos fantásticos e uma esposa que diz ainda gostar dele. O homem mais rico do mundo faz algo que soaria idiota para muitos dos idiotas do tipo errado: lava os pratos todas as noites e diz que essa é a coisa mais sexy que ele faz.

H/TRATANDO BEM A SORTE

Durante os anos recentes, tenho conversado com inovadores, dado consultorias, lido, assistido e escutado entrevistas sobre como construíram suas trajetórias e empresas. Em toda entrevista, invariavelmente, surge a pergunta sobre o papel que a sorte desempenhou no destino de cada um.

Com certo grau de humildade até, a maioria lembra de quando sentiu o sopro da sorte. Kevin Systrom, cofundador do Instagram com o brasileiro Mike Krieger, lança um olhar interessante sobre a temática: diz que temos sorte bem mais cotidianamente do que pensamos. Quando lemos algo importante, encontramos uma moeda no chão, viajamos ao lado de alguém, acertamos na comida do restaurante – praticamente toda semana. Mas será que estamos alertas o suficiente para ao menos nos darmos conta de que estamos tendo sorte?

LISTE ABAIXO DUAS SITUAÇÕES DA SEMANA PASSADA NAS QUAIS VOCÊ TEVE SORTE:

1) ....

   ....

2) ....

   ....

NÃO ACREDITO QUE NÃO TENHA HAVIDO NENHUMA. SERÁ QUE VOCÊ ESTÁ ATENTO AO VENTO DA SORTE?

O Instagram começou como Burbn, um aplicativo por meio do qual as pessoas indicavam os locais onde estavam. Já havia vários apps para isso, o mais conhecido era o Foursquare.

O insight de Kevin Systrom e Mike Krieger foi o de que, com câmeras nos bolsos, as pessoas passavam a se expressar muito mais por imagens, e as fotos que as pessoas tiravam nos locais eram o mais legal: poderiam construir um negócio a partir disso.

A sorte de ter um insight na hora certa foi o que levou o Instagram de um aplicativo de armazenamento de fotos chamado Burbn para uma rede com 25 milhões de usuários literalmente da noite para o dia. Kevin Systrom, cansado, decidiu tirar férias com a esposa no México. Caminhando na beira da praia e conversando sobre a plataforma, ela disse que dificilmente subiria fotos, pois não as achava boas. "Como assim?", perguntou Kevin, "Suas fotos são ótimas!". "Não como as de seu amigo Greg". "Mas Greg usa apps de filtros", respondeu ele. Porém não foi apenas a sorte. Foi também a velocidade de persegui-la: dali, voltou para o hotel, acessou uma internet discada e imediatamente conectou um filtro ao protótipo que o sócio enviara da Califórnia. Ferramenta, atenção e tendência: o insight de 1 bilhão de dólares.

A sorte é como a felicidade na poesia de Vinícius e Tom: voa leve, com vida breve; precisa que haja vento sem parar. Somos nós que sopramos a pluma até que ela ganhe voo porque fomos estimulantes o suficiente para que outras pessoas compreendessem nosso propósito e passassem a soprar também. Mas sorte é também relativa: se para alguns a sorte é vender uma empresa ao Facebook por 1 bilhão de dólares, para outros é poder tirar férias, ter uma esposa ou mesmo pulmões e pés para caminhar na beira da praia.

I/ANDANDO MAIS DE SKATE

Os skatistas têm uma filosofia bem simples: esta manobra é maneira. Vou tentar. Mas vou fazer do meu jeito.

Empreendimentos e ideias podem ser pensados assim, de um jeito mais direto.

O Canvas simplificou muito a ideia de plano estratégico, estudo de viabilidades, canais de receita.

Tornou tudo mais visual.

Este skatista aqui resolveu tentar fazer de um jeito ainda mais prático, mas na linguagem do skate.

Até porque aprender de novo também é buscar respostas claras. *No bullshit!*

Quatro perguntas bem diretas que podem estruturar qualquer projeto:

O que eu quero?

O que eu tenho?

De que eu preciso?

Qual o ganho?

RESPIRA +

QUE PARADA É ESSA?
(Qual o propósito?)

QUE ROLÊS EU JÁ DEI?
(Habilidades, ferramentas, relacionamentos e estruturas que já tenho)

QUE MANOBRAS PRECISO APRENDER?

✗
___
___
___
___
___

✗
___
___
___
___
___

CONCENTRA + DROPA!

GRINBERG
CONSULTING

QUEM GANHA O QUE NESSE CAMPEONATO?

(Quais os ganhos para mim, para o meu setor e para o mundo?)

(Habilidades, ferramentas, relacionamentos e estruturas que preciso acessar)

CANVASKATE®

J/PEDINDO DESCULPAS

A música "Boys don't cry", hit da banda inglesa The Cure, embalou a geração de adolescentes da qual fiz parte com uma tocante reflexão sobre crescimento, decisões erradas e amor não correspondido. Sugiro que você continue a leitura após pôr a música para tocar, e talvez você então sinta como ela também nos ensina sobre inovação.

"Eu pediria desculpas se achasse que isso faria você mudar de ideia", inicia uma letra rica em subtextos que nos permitem pensar sobre pedir perdão sem transferir o fardo. Logo depois de ser comprado pelo Facebook, o Instagram publicou uma política equivocada de privacidade, sugestiva da utilização de fotos de usuários para fins publicitários — mas preferiu não "esconder lágrimas com mentiras": a curva de deserções estancou no momento em que os dois fundadores pediram desculpas em suas páginas pessoais.

A música também nos canta sobre dizer "eu te amo" sem querer controlar. A escola do Vale do Silício ensina que antes do exponencial vem o cuidado com a base mais próxima: "Faça coisas que não escalem", sugeriu a Joe Gebbia um dos primeiros investidores do Airbnb. Melhor que gastar energia medindo a grama vizinha é concentrar-se nos motivos pelos quais nossos clientes continuam conosco, algo que os produtores de leite da Califórnia aprenderam nos anos 1990: dada a dificuldade de converter não bebedores, a campanha "Got Milk?", uma das mais criativas da publicidade americana, mostrava um cookie desacompanhado como sugestão de uma xícara a mais a quem já era consumidor de leite.

"Julguei mal seus limites", "forcei-o demais", "dei-o como ganho", "achei que você precisava mais de mim". Ponha esses versos no megafone de qualquer gigante como Blackberry, Kodak, Blockbuster ou Yahoo! e temos a partitura da arrogância de crer que nos tornamos grandes demais para sequer nos questionarmos se a armadura de nosso sucesso não está nos fazendo escutar de menos, nos mover pesadamente e falar demais.

Há homens que são meninos e há meninos que são homens. Vale também para mulheres e talvez esteja na hora de entendermos a mensagem da canção: a de que é melhor chorar para recarregar baterias do que nos desmontarmos quando já for tarde demais.

K/NÃO ENCURTANDO CAMINHOS

Existe um paradoxo, muitas vezes mal compreendido, entre aprendizado e velocidade. Trata-se, aparentemente, de veículos que precisam rodar juntos: aprendizado requer velocidade, velocidade acelera o aprendizado, mas estamos diante daquelas situações onde o respiro da prática desmente a teoria do ditado.

Daymond John, um menino negro e pobre nascido no Brooklyn, em Nova York, nunca mais viu o pai depois dos 12 anos. Disléxico e com poucas oportunidades na "economia formal", foi convidado por amigos a vender drogas. Calculou, contra a previsão na qual estamos acostumados a acreditar, que em médio prazo seria mais lucrativo ter um emprego no McDonald's. Longe da cadeia, dos perigos e dos pagamentos de comissões, conseguiria juntar dinheiro com mais segurança e até rapidez. Foi o que fez, e foi de onde criou a Fubu, marca icônica do segmento hip-hop.

Trata-se de um pensamento empreendedor, que atua contra um mito: o empreendedor não necessariamente busca o caminho menos seguro. Antes o contrário: corre riscos, mas riscos calculados.

O aprendizado requer um momento inicial que pode inclusive ser lento, onde contam a procrastinação e o erro. O "errar cedo, errar rápido", defendido por ecossistemas de inovação como o do Vale do Silício e o de Israel, nos previne de fracassarmos a um custo maior do que o negócio pode suportar.

Não existem portanto atalhos, e quando a mãe de Daymond John, funcionária da Amex, hipotecou a casa onde moravam por cem mil dólares para a compra de estoque e ele voltou de uma feira com um milhão de dólares em pedidos, mas sem dinheiro para produzir a demanda, e sem que qualquer banco quisesse financiá-lo, foi ela quem teve a ideia, sabendo que era sim a hora de acelerar: um anúncio em jornal com os dizeres "um milhão de dólares em pedidos precisam de financiamento urgente". O anúncio, uma bobagem segundo o filho, atraiu a Samsung, com sua divisão têxtil, para tornar-se sócia.

Se escutarmos os sinais corretos, saberemos, ou mesmo sentiremos, quando é mesmo hora de acelerar nossas ideias. Mesmo que o sinal seja simplesmente confiar nas decisões da mãe.

E POR FALAR EM MÃE

Minha mãe foi a primeira "desaprendedora" que eu conheci, mas só me dei conta disso um dia desses, quando reencontrei um artigo do *New York Times* que fotografei numa viagem que fiz com a Déia para Nova York em 2012, enquanto bebia um Starbucks que eu trouxera ao quarto do hotel esperando que ela ficasse pronta. E por que eu fotografei o artigo? Porque ele curiosamente falava do skate como forma de deixar para trás a "crise da meia-idade": mostrava exemplos de homens e inclusive mulheres com mais de 40 anos (em alguns casos, até com mais de 50) se utilizando do skate para "escapar da máquina corporativa" e, segundo o jornal, "estender a adolescência até a porta do asilo".

Que coisa boa – pensei ao reler aquele trecho cinco anos depois – se pudéssemos nos manter sinceramente jovens até a beira da morte. Pouco depois que voltei daquela viagem, minha mãe teve a reincidência de um câncer que já era para ter sido eliminado e morreu meses após.

Lembrei, relendo aquele artigo, com dor e carinho de sua penúltima tarde: ela, que sempre evitou conversar comigo sobre a morte, que não deixava de levantar do abrigo do sofá para me fazer café, que me mostrava com orgulho as pinturas lindas que, até bem no fim, ela fazia com o dedo no iPad, naquela tarde acordou de sua inconsciência, chamou todos nós – que estávamos ali apenas esperando o fim – e disse que queria falar.

Disse que estava partindo e deixou, olhando bem em nossos olhos, uma mensagem para cada um de nós. Para seu marido, ela falou: "Foi para sempre". Para mim, ela disse: "Não precisa ter medo, nunca".

Em contraste àquela silhueta de corpo frágil, eram fortes as palavras que saíam daqueles lábios ressecados, era definitiva a mensagem transmitida por seus olhos: eles nos diziam que, mesmo machucada pela doença, ela ainda continuava aprendendo e ensinando.

No final fomos ainda mais cúmplices, eu nunca saí de perto dela. Queria assistir Bonequinha de Luxo? Eu mandava vir o DVD da locadora. Não tinha mais energia para tocar a tinta no papel? Eu lhe comprei um iPad e baixei um programa de desenho e ela, mesmo naquele estado, autodidata rigorosa que era, aprendeu em pouquíssimo tempo e dominou aquele instrumento de cima a baixo.

Aprender de novo fala disto: investir e inovar inclusive em tempos de crise, se divertir e improvisar mesmo quando as coisas ficam sérias. E então, anos depois, relendo aquele texto e pensando nela – naquela tarde em que eu tive a lição de vida mais linda, embora triste –, eu entendi: era como se, aos 67 anos, com a mesma doença com que David Bowie morreu, minha mãe estivesse nos ensinando pela última vez.

SQN.

MICROATITUDES QUE NOS AJUDAM A DESAPRENDER

ptext
1.
REGISTRE SUAS EMOÇÕES

Bruce Lee, um grande expoente da filosofia do desaprender e reaprender (*be water*), mantinha o hábito de registrar suas emoções em uma pequena caderneta. Desse modo, cultivava o contato sistemático com sentimentos tanto positivos quanto negativos. Para ter um funcionamento extremo do corpo, ele acreditava muito no poder da adaptação da mente e sabia que era possível desenvolver mais as emoções positivas e reaprender a transformar as emoções negativas em algo que o ensinasse cada vez mais. Agora que você já sabe, use seu bloco de notas.

2.
DÊ UMAS CAMINHADAS

Steve Jobs costumava levar as pessoas para caminhar com ele. E era nessas caminhadas que ele punha à prova os conceitos antigos e assentava a base para novos projetos. Jobs fundou não apenas uma empresa, mas uma "filosofia" baseada no propósito de pensar diferente (*think different*), questionando o *status quo* e respondendo com produtos que reinventaram a indústria do entretenimento. Estudos da Universidade de Stanford mostraram que ele estava certo e que caminhar aumenta em até 60% a capacidade criativa das pessoas. Pense nisso e convide alguns parceiros para dar umas caminhadas.

3.
SORTEIE UM NOVO DESAFIO

Nolan Bushnell, fundador da Atari, força a si mesmo a fazer algo totalmente fora de sua zona de conforto todos os anos. Ele faz uma espécie de "Bucket List" por ano: anota em pequenos papéis onze projetos pessoais totalmente novos, totalmente fora da curva, para cuja realização é necessário que ele desaprenda e reaprenda. Depois ele joga os dados e descobre qual das ideias colocará em prática. Ele considera que, quando nos oportunizamos aprender coisas novas, somos mais felizes. Agora você já sabe: dados servem para isso também.

4.
CONVERSE SOBRE PROBLEMAS

Stacy Brown, fundadora da Chicken Salad Chick, precisou desaprender e reaprender cedo em sua vida, quando se divorciou e se viu sozinha e mãe de três crianças. Seu faro empreendedor foi determinante para ela fundar uma rede de restaurantes que hoje vale US$ 75 milhões. Stacy conta que, quando pequena, seus pais tinham um hábito. Toda noite, no jantar, eles perguntavam a ela e ao irmão: com que tipo de problemas você se deparou hoje? E todo o jantar era conduzido por meio do pensamento em família de soluções para esses problemas. Isso era tão impactante que, antes do jantar, ela chegava a se preparar e, segundo ela, foi esse hábito de desaprender soluções tradicionais e pensar soluções novas que conduziu sua vida empreendedora.

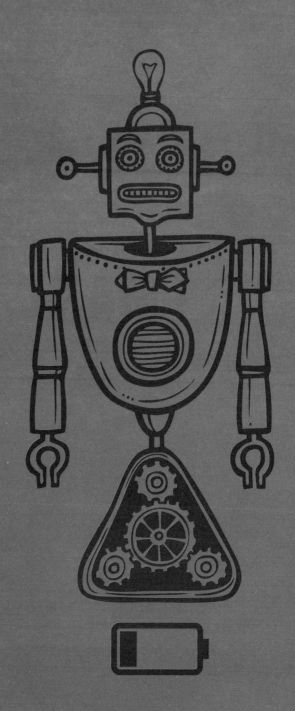

5.
TROQUE A PILHA DOS BRINQUEDOS DO SEU FILHO

Michael Dell, fundador da Dell Computers, costumava desmontar computadores para entender o que havia dentro. E com isso descobriu como funcionavam os circuitos, o tipo de conexões e materiais usados e passou a comprar peças melhores e fazer upgrades em máquinas em seu próprio dormitório na Universidade do Texas, em Austin – revendendo depois os computadores. Com isso, largou a faculdade de Medicina e fundou a Dell. Não quer desmontar seu computador? Então troque a pilha do brinquedo de seu filho: trocar a pilha do brinquedo de um filho é trocar a própria pilha. Aproveite que está com a chave de fenda na mão e convide-o a explorar um pouco mais.

6.
ARRUME A CASA

No seriado "Ordem na Casa", *hit* da Netflix, a protagonista Marie Kondo entra na casa das pessoas e convida-as a uma reorganização diferente, na qual se somam praticidade e afetividade: tirando tudo dos armários e gavetas, despedindo-se com gratidão daquilo que não mais nos interessa e mantendo apenas aquilo que nos traz alegria. Somos acostumados, em nível pessoal e empresarial, a manter "tudo o que pudermos", e desapegar anda na mesma via do "desaprender": quando esvaziamos armários e tornamos nossa casa mais leve, quando diminuímos níveis e tornamos nossas empresas mais ágeis, ganhamos um filtro produtivo para tudo o que entra em nossas vidas, ao mesmo tempo em que o que desapegamos traz felicidade a quem recebe, ao próprio objeto doado e a nós mesmos. Arrume a casa, você vai se abrir para o novo.

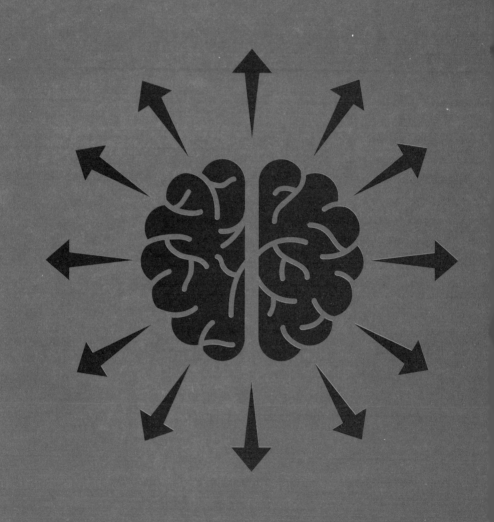

7.
TOME UMA DECISÃO "NA INTUIÇÃO"

Howard Schultz, eterno CEO da Starbucks, costuma aprender respeitando inteiramente o seu processo intuitivo. E se confiarmos na nossa intuição, não só facilitaremos a atração de pessoas e projetos "verdadeiros", mas nos abriremos para o novo. Quando ele era vendedor da Xerox e entrou em uma loja em Seattle que vendia apenas grãos de café (sem a bebida), sentiu uma atmosfera tão convidativa e única que largou sua pasta e pediu um emprego naquela pequena loja em Seattle chamada Starbucks. Nossa intuição, por vezes, também nos leva a erros: que são excelentes maneiras de desaprender e reaprender e, portanto, a única maneira de crescer. Não tenha medo de errar.

8.
NA PRÓXIMA BRIGA, ASSUMA A CULPA

Mark Hyman conta, em seu livro *A sutil arte de ligar o foda-se*, que para sair de uma vida em que era um blogueiro sem expressão e totalmente dependente de álcool e sexo (o que, segundo ele, era às vezes divertido, mas na maioria dos casos vazio) para tornar-se alguém que poderia ensinar algo ao mundo, ele precisou "assumir a culpa". Dizer todos os dias "a culpa é minha" nos liberta do *mindset* de pensar que somos especiais e que coisas boas ou ruins acontecem apenas conosco. Assumir a responsabilidade é um hábito difícil, que requer desaprender um conceito mágico de "destino", mas que pode ser a solução inclusive para problemas domésticos: na próxima briga que tiver com seu cônjuge, experimente assumir a culpa (até porque, por incrível que pareça, a culpa pode ser mesmo sua). E veja o que acontece com a discussão.

9.
ACORDE UMA HORA MAIS CEDO

Richard Branson, fundador da Virgin, acorda às 5 horas da manhã. E ele não é o único: este é também um hábito de Tim Cook, Ariana Huffington, Jeff Bezos, Barack Obama, entre muitos outros profissionais de sucesso. Acordar mais cedo significa paixão pela vida. E muitos estudos demonstram que quem acorda cedo tem menos propensão à depressão, principalmente porque as primeiras horas da manhã permitem momentos com menos interferência, mais produtividade, portanto aptos a atividades que nos ajudam a reaprender e explorar – como fazer exercícios, ler, escrever, pesquisar ou mesmo testar umas receitas para o café da manhã. Pense nisso quando for programar o despertador.

10.
FAÇA TRÊS MINUTOS DE MEDITAÇÃO POR DIA

Oprah Winfrey costuma meditar todos os dias, e aprender a controlar a respiração é desaprender e reaprender o mecanismo mais básico que existe entre os seres humanos. Jon Kabat-Zin, professor do MIT e médico especialista em meditação, nos ensina que, sempre que respiramos, já é agora novamente. Ele também brinca que, se respirar dependesse de nós, estaríamos ferrados. E esta é uma analogia muito profunda com nossa necessidade de se abrir para o novo. Meditar significa parar, sentir o ar entrando por todos os membros, o movimento do diafragma e o quanto temos a aprender sobre nós mesmos por meio desses movimentos tão primários – mas tão únicos que deveríamos agradecer todos os dias por tê-los. Só três minutos. Não custa nada.

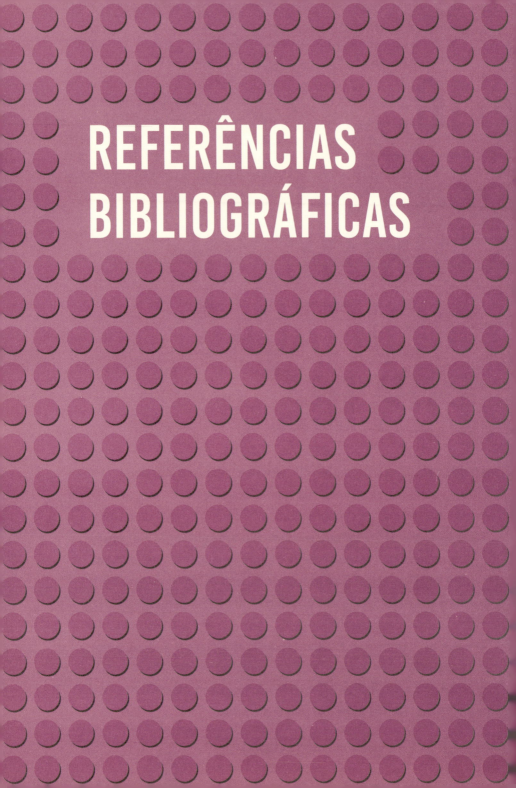

ARENDT, Hannah. **Eichmann em Jerusalém: um retrato sobre a banalidade do mal.** São Paulo: Companhia das Letras, 1999.

BONANOS, Christopher. **The story of Polaroid.** Nova York: Princeton Architectural Press, 2012.

BYRNE, David. **Diários de Bicicleta.** São Paulo: Amarilys, 2009.

CAMUS, Albert. **O Estrangeiro.** Rio de Janeiro: Record, 1999.

CHOUINARD, Yvon. **Lições de um Empresário Rebelde.** São Paulo: Rocky Mountain, 2015.

DIAMANDIS, Peter; KOTLER, Steven. **Abundância: o futuro é melhor do que você imagina.** São Paulo: HSM Editora, 2012.

DURAN, J. R. **Cadernos de Viagem.** São Paulo: Benvirá, 2012.

DWECK, Carol S., **Mindset: a nova psicologia do sucesso.** São Paulo: Objetiva, 2017.

FLEMING, Ian. **Cidades fascinantes.** São Paulo: Best Seller, 1965.

GABLER, Neal. **Walt Disney: o triunfo da imaginação americana.** São Paulo: Novo Século, 2006.

HARARI, Yuval Noah. **Sapiens: uma breve história da humanidade.** Porto Alegre: LP&M, 2015.

HEMINGWAY, Ernest. **O velho e o mar.** Rio de Janeiro: Bertrand Brasil, 2000.

HOGARTH, Robin M. **Educating Intuition.** University of Chicago Press, 2010.

KAPLAN, James. **Sinatra, o Chefão.** São Paulo: Companhia das Letras, 2015.

KOUNIOS, John; BEEMAN, Mark. **The Eureka Factor.** Nova York: Random House, 2015.

MINTZBERG, Henry. **Ascensão e Queda do Planejamento Estratégico.** Porto Alegre: Bookman, 2004.

MIRÓ, Joan. **A Cor dos Meus Sonhos.** Entrevistas com George Raillard. São Paulo: Estação Liberdade, 1992.

OGILVY, David. **Uma Autobiografia.** São Paulo: Makron Books, 1998.

OZ, Amós. **Contra o Fanatismo: como curar um fanático.** Rio de Janeiro: Ediouro, 2004.

SAWHNEY, Mohanbir; KHOSLA, Sanjay. **Where to Look for Insight?** Harvard Business Review, nov. 2014.

SCHULTZ, Howard. **Em frente: como a Starbucks lutou por sua vida sem perder a alma.** São Paulo: Campus, 2011.

SENOR, Dan; SINGER, Saul. **Nação Empreendedora: o milagre econômico de Israel e o que ele nos ensina.** São Paulo: Évora, 2011.

STEEL, Jon. **A arte do planejamento: verdades, mentiras e propaganda.** Rio de Janeiro: Elsevier, 2006.

THIEL, Peter. **De Zero a Um: o que aprender sobre empreendedorismo com o Vale do Silício**. Rio de Janeiro: Editora Objetiva, 2014.

TOLSTÓI, Leon. **Anna Karenina**. São Paulo: Companhia das Letras, 2017.

Vilic, Felipe. **O clique de 1 bilhão de dólares**. Rio de Janeiro: Intrínseca, 2015.

YOUNG, James Webb. **A Technique for Producing Ideas**. Nova York: McGraw-Hill Professional, 1965.

OUTRAS FONTES:

Bruce Lee. **The Lost Interview**. Vídeo acessado em https://www.youtube.com/watch?v=vyZaFmg42m8.

Jeff Bezos interview with Walt Mossberg, Code Conference 2016, acessado em https://www.youtube.com/watch?v=oYApN5jYZLE

Podcast How I Built it. **NPR., entrevista com Ben Cohen e Jerry Greenfield**, exibida em dezembro de 2017.

Podcast How I Built it. **NPR., entrevista com Katrina Lake**, exibida em abril de 2018.

Podcast How I Built it. **NPR., entrevista com Daymond John**, exibida em 8 de abril de 2018.

Podcast Crazy Enough to Work. **How the New York Times beat the mighty era of free news**. Exibido em agosto de 2018.

Podcast How I Built it. **NPR., entrevista com Reid Hoffman**, exibida em janeiro de 2018.

Revista Rolling Stone, edição 114. São Paulo, 2016.

TED Talks. **Pop an ollie and innovate, Rodney Mullen**, exibido em Maio de 2012.

TED Talks. **How Airbnb designs for trust**. Joe Gebbia, exibido em Março de 2016.

The New York Times. **In China, a Special Lane for Shoppers Absorbed by Their Cellphones**. Publicado em 10 de junho de 2018.

Wired, documentário. **Holly Land: StartUp Nations**, exibido em fevereiro de 2017.

AGRADECIMENTOS

Agradeço ao meu publisher Gustavo Guertler, por ter apostado no livro e pelas valiosas dicas para a construção do storytelling. Agradeço pela inspiração, orientação e ajuda de:

Beto Carvalho
Carla Dutra Silveira
César Saut
Clóvis Malta
Débora Tessler
Desiree Brancato
Fausto Macedo
Fernanda Okubo Yoneya
Fernando Bins Luce
Francisco da Costa
José Augusto Porto
Marta Sfredo
Pedro Breitman
Sandro Saltz
Sérgio Lewcovicz
Suzete Braun
Tiago Mattos

Anotações

Anotações

Anotações

Anotações

**COMPRE UM
·LIVRO·
doe um livro**

Nosso propósito é transformar a vida das pessoas por meio de histórias. Em 2015, nós criamos o programa compre 1 doe 1. Cada vez que você compra um livro na loja virtual da Belas Letras, você está ajudando a mudar o Brasil, doando um outro livro por meio da sua compra. Queremos que até 2020 esses livros cheguem a todos os 5.570 municípios brasileiros.

**Conheça o projeto e se junte a essa causa:
www.belasletras.com.br**

Belas Letras

Este livro foi composto em aller e impresso em papel pólen 90 g pela gráfica Copiart em abril de 2019.